__________________ 님께

창조는 연습이며 습관이라고 합니다.

이 책이 당신의 운명을 바꿀

영감의 바이블이 되어,

새로운 '오리진(origin)'이 탄생하길 기원합니다.

__________________ 드림

추천사

"우리는 이런 책을 기다려왔다!"

삼성전자뿐 아니라 대한민국의 많은 기업들에 '창조경영'의 새바람을 불어넣는 데 SERI CEO가 적지 않은 역할을 했다고 생각한다. 그리고 그 중심에는 강신장 사장이 있었다. 대한민국 기업들에 불어넣어온 창조의 영감이 이번에 책으로 묶여 나왔다. 그의 창조 마인드를 아직 접하지 않았던 분들에게 반드시 읽어보라고 권하고 싶다. 이윤우, 삼성전자 부회장

강신장 사장, 그는 내가 아는 대한민국 최고의 창조마스터다. 세상의 그 어떤 정보, 어떤 지식도 그의 레이더망에 걸리면 '창조'라는 키워드로 환원된다. 그만의 소중한 노하우를 담은 이 책을, 창조의 즐거움을 추구하는 모든 분들께 권한다. 김신배, SK C&C 부회장

예술과 경제의 목표는 하나다. 삶의 질을 높이는 것이다. 지금껏 따로 움직여온 예술과 경제가 이제 대은하가 충돌하듯 만나고 있다. 그 충돌로 창조의 대폭발이 일어나고 있다. 대한민국에서 이 창조의 교향악을 가장 선두에서 지휘해온 이가 바로 강신장 사장이다. 나는 그가 '국보급 인재'라고 감히 말할 수 있다. 강 사장은 특히 CEO들이 융합과 창조의 가치를 발견하고 이를 경영에 활용할 수 있도록 최고의 정보를 제공하고 최상의 네트워크를 구축해왔다. 이 책은 그 핵심 메시지와 아이디어, 통찰로 가득하다. 이 책을 손에 드는 자, 창조의 고속도로를 달리게 될 것이다. 이주헌, 미술평론가

문화라는 그릇에 와인, 미술, 음악, 사진, 영화, 인문학, 기업, 조직 등 많은 것을 담아 다양한 사람들이 모여 함께 느끼고, 공감하고, 배우고, 즐기게 하는 시도를 감히 시작하여 우리 사회의 새 물결을 주도한 강신장 사장. 이 책은 그의 번뜩이는 창의성과 독창성이 돋보이는 역작이다. 이 책은 정말 재미있고 저절로 빠져들게 한다. 그리고 읽다보면 세상이 달라지고 길이 보인다. 21세기는 창의의 시대이고 그 바탕은 통섭과 융합과 다양성이다. 그리고 또 '오리진'이 있었구나! 서정돈, 성균관대학교 총장

2009년 겨울, 그와 함께 이탈리아 피렌체로 갔다. 촌철살인의 위트로 번뜩이던 그가 평소와 달리 조용했다. 창조적 영감이 넘실대는 피렌체에서, 르네상스와 근대가 탄생한 천재들의 고향에서, 그는 오히려 긴 침묵을 지켰다. 그리고 나는 보았다. 그의 넓은 이마에 생각의 골이 패이고 있음을. 그의 눈에서 창조의 불꽃이 튀고 있음을. 강신장은 그렇게 재탄생했다. 이 책은 바로 피렌체에서 거듭난 강신장의 모습이다. 김상근, 연세대학교 교수, 《르네상스 창조경영》 저자

SERI CEO를 통해 감성과 지성을 충전하면서, 좋은 내용들은 국민들에게도 제공되었으면 하고 생각했다. 그러던 차에 SERI CEO만의 창조 메시지를 담은 책이 나왔다는 소식을 들었다. 이 책을 통해 '창조의 오리진'으로 거듭나는 실마리를 얻게 되리라 믿어 의심치 않는다. 박재갑, 국립중앙의료원 원장

오리진인(奧裏眞人)! 오지(奧地) 속(裏)에서 진주(眞)를 찾아내는 사람(人)! 창신(創新)과 지신(知新)의 마술사! 강신장은 신명(神明)으로 '오리진'을 탐구하는 장군(將軍)이다. 10년 전, 처음 볼 때부터 예사롭지 않았다. 결국 일을 내고 말았다. 이번 여름 '오리진'은 대한민국의 새로운 화두다. **박재희, 민족문화콘텐츠연구원장**

세상을 바꾸는 것은 파이터가 아니라 '오리진'이다. 강신장 사장은 대한민국 오리진의 대표 브랜드! 그는 이 책에 '보석코드'를 아낌없이 쏟아 부었다. 세상을 바꾸고 싶은가? 운명을 뛰어넘고 싶은가? 그렇다면 빨리 이 책을 펼쳐야 한다. 상상을 초월하는 해답이 있다. 이 책은 유쾌한 오리진의 세계로 떠나는 특급비자! **故 최윤희, 방송인**

언젠가부터 한국 지식인 사회에 아주 희한한 이름이 회자되기 시작했다. 바로 'SERI CEO.' 지식의 가치를 사람들에게 제대로 전달한 최초의 기관이다. 그 중심에 인간 강신장이 있었다. 지식기반 사회의 새로운 지식경영 모델을 개발한 그의 엄청난 이야기를 직접 들어볼 수 있다니, 어찌 아니 흥분될까! **김정운, 명지대학교 사회교육대학원 교수, 《나는 아내와의 결혼을 후회한다》 저자**

그냥 잘하는 것을 뛰어넘어 새로운 가치를 창조하여 '오리진'이 되라는 저자의 메시지가 가슴 묵직이 다가온다. 자신의 창의성을 발휘하여 새로운 가치를 찾는 것이 필요한 이때, 이 책은 창조경영을 위한 근원적이고 실용적인 안내서가 될 것이다. 어떤 분야에 일하는 분이든 반드시 읽어보기 바란다. **이채욱, 인천국제공항공사 사장**

뉴욕에는 뉴욕다움이, 파리에는 파리다움이 있는 것처럼, 서울에는 서울만의 기쁨과 행복을 만들고 싶은 간질함이 있다. 그 작업은 서울 시민이 함께 참여하여 새로운 오리진(origin)을 만들어내는 한 편의 '창작 드라마'라 생각한다. 이 책은 나의 가슴속에 잠들어 있는 창조의 불씨들을 점화시켜, 예술가처럼 독창적이고 감각적인 생각을 북돋울 것이다. 또한 무엇인가 아이디어가 필요할 때마다 끊임없이 새로운 영감으로 충만하게 해줄 상상력 발전소가 될 것이다. **오세훈, 서울시장**

뛰어난 창조자들이 세상을 주도하는 시대가 되었다. 이 책은 창조를 이끌어내는 창의적인 사고를 위한 다양한 방법들을 제시해준다. 비즈니스 혹은 생활을 좀 더 창의적으로 변화시키는 데 있어서 이 책은 필요할 때마다 유용하게 활용할 수 있는 훌륭한 가이드북이 될 것이다.

최종일, 아이코닉스 대표, 애니메이션 〈뽀로로〉 제작자

2009년부터 서울대학교 경영대학원 경영학석사(MBA) 과정에서 '경영예술(Management by Art, MBA)' 과목을 개설했다. 이 과목은 미술, 음악, 무용, 문학, 연극 등 예술활동을 예비경영자인 학생들에게 체험케 하여 창조적 능력을 스스로 계발하도록 도와준다. 예술은 흉내를 혐오하고, 무에서 유를 만들어내면서, 무한한 가능성에 도전한다는 점에서 창조적 능력의 원천이다. 이 책의 핵심 메시지인 '오리진' 또한 같은 맥락에서 창조를 바라보고 있다. 그런 의미에서 경영예술 과목의 텍스트로도 손색없을 듯하다. **조동성, 서울대학교 경영대학 교수**

오리진이 되라

2010년 5월 31일 초판 1쇄 | 2024년 8월 8일 52쇄 발행

지은이 강신장
펴낸이 이원주, 최세현 **경영고문** 박시형

기획개발실 강소라, 김유경, 강동욱, 박인애, 류지혜, 이채은, 조아라, 최연서, 고정용, 박현조
마케팅실 양근모, 권금숙, 양봉호, 이도경 **온라인홍보팀** 신하은, 현나래, 최혜빈
디자인실 진미나, 윤민지, 정은예 **디지털콘텐츠팀** 최은정 **해외기획팀** 우정민, 배혜림
경영지원실 홍성택, 강신우, 김현우, 이윤재 **제작팀** 이진영
펴낸곳 (주)쌤앤파커스 **출판신고** 2006년 9월 25일 제406-2006-000210호
주소 서울시 마포구 월드컵북로 396 누리꿈스퀘어 비즈니스타워 18층
전화 02-6712-9800 **팩스** 02-6712-9810 **이메일** info@smpk.kr

ISBN 978-89-92647-91-5 (03320)

쌤앤파커스(Sam&Parkers)는 독자 여러분의 책에 관한 아이디어와 원고 투고를 설레는 마음으로 기다리고 있습니다. 책으로 엮기를 원하는 아이디어가 있으신 분은 이메일 book@smpk.kr로 간단한 개요와 취지, 연락처 등을 보내주세요. 머뭇거리지 말고 문을 두드리세요. 길이 열립니다.

운명을 바꾸는 창조의 기술

오리진이 되라

강신장 지음

쌤앤파커스

아직 부족한 점이 너무나 많지만, 이 책이 다음의 용도로 활용될 수 있기를 간절히 소망한다.

• 개인 : 수시로 꺼내 쓰는 '영감(inspiration)의 자극제'

사무실, 자동차, 집… 어디든 가장 가까운 데 두고 있다가 무언가 신선하고 새로운 아이디어가 필요할 때마다 오래된 애창곡집이나 명시집을 대하듯 살짝 꺼내보면, 내 안에서 벌떡 솟아 나오는 새로운 영감들과 은밀한 데이트를 즐길 수 있다.

• 기업(단체) : '창조전사'를 양성하는 속성반 '창조능력 개발원'

어떤 일에 대한 관점을 확 바꾸어 새롭게 바라본다는 것은 너무나 어려운 일이다. 하지만 이 책을 읽고 공부한 몇몇 선수(?)가 함께 모인다면 그들 특유의 언어와 발상법으로 새로운 관점을 찾아낼 수 있을 것이다. 이제 우리는 유연하면서도 대단히 강력한 연수원을 하나 갖고 있는 셈이다.

• 가정 : 우리 아이를 감성적이고 창조적인 인재로 키우는 '창조학교'

창조의 세계에는 체급이 없다. 나이도, 학력도, 성별도 상관이 없다. 어릴 때부터 재미있고 신나는 창조의 이야기들을 듣다 보면 섬세함의 눈이 떠지고, 감성의 문이 열린다. 그럼으로써 보이지 않는 것들을 볼 수 있게 된다. 아이들과 함께 창조학교에서 놀다 보면 놀랍도록 달라진 아이들과 아이디어들을 만나게 될 것이다.

지난 26년간 저를 키워주신

삼성그룹 이건희 회장을 비롯한 선배, 동료들께

또 지난 8년간 다양한 공부를 함께하며

깨달음의 기회를 주신 1만 명의 SERI CEO 경영자 회원들께

이 책을 바칩니다.

책을 내면서

대한민국 창조학교를 꿈꾸며

일할 때나 밥 먹을 때나 놀 때나 나는 항상 오만가지 상상을 한다. '이걸 이렇게 바꾸면 어떨까?', '좀 더 재미나게 할 수 있는 방법은 없을까?', '앞으로의 세상은 어떻게 변할까?', 그리고 '개인이든 회사든 먹고살려면 앞으로 제일 먼저 무엇을 해야 할까?'

삼성경제연구소(SERI) 지식경영실장이라는 막중한 역할을 8년 넘게 수행하면서 생긴 버릇이라면 버릇이다. 밥 먹고 하는 일이 늘상 그런 것들을 연구하는 일이었으니 말이다. 게다가 혜안과 통찰이라면 대한민국에서 둘째가라면 서러워할 기라성 같은 CEO들을 모시고 SERI CEO를 운영해야 했으니, 어찌 하루인들 맘 편히 밥이 넘어갔겠는가?

어쭙잖은 이야기로는 감히 그분들께 명함도 내밀 수 없던 터였다. 항상 새로운 통찰(insight)과 혜안을 제공해줄 수 있는 '꺼리'를 찾아 하이에나처럼 산기슭이라도 헤매고 다녀야 할 판이었다.

물론 당시 일차적인 과제는 경영과 경제, 그리고 산업의 트렌드에 관한 새로운 정보와 인사이트를 경영자들에게 제공하는 것이었다.

하지만 왠지 그것만으로는 재미가 없었다. 뭔가 충분하지 않다는 생각이 들었다. 그래서 나름대로 발굴해낸 것이 경영자들에게 새로운 세계와 만나 '노는(?)' 경험을 드리는 것이었다. 인문학의 세계와 만나서 놀고, 와인의 세계, 미술의 세계, 사진의 세계, 음악의 세계, 영화의 세계 등등, 한마디로 인문학과 문화예술의 세계를 두루 여행하자는 컨셉이었다. 지금도 SERI CEO에는 놀면서 공부하는 수십 개의 동아리가 있다.

이 모든 공부의 핵심 질문은 '새로운 생각은 어디서 올까?', '새로운 것을 창조하려면 어떻게 해야 할까?'였다. 그 이유는, 그 질문에 대한 답이 없으면 CEO들을 공부의 자리로 모셔오기가 힘들었기 때문이다. 웬만한 것은 다 나와서 이제 더 이상 베낄 것이 없는 시대, 과거의 성공도 오히려 독이 되는 시대를 사는 CEO들은 매 순간 '창조 아니면 죽음'이라는 절박함 속에 산다. 그런 경영자들에게 어떤 창조의 영감을 드릴 수 있을까? 새로운 장르를 기획할 때마다 나는 스스로에게 물었다. '이 장르를 공부하면 CEO들에게 어떤 유용한 생각을 드릴 수 있을까?'

2010년 1월, 나는 지금까지 나를 만들고 키워준 삼성을 떠나 중견기업 CEO로 자리를 옮겨 앉았다. 새삼 많은 생각을 하게 되었다. 그리고 수년 동안 그런 일을 하면서 실상 가장 큰 수혜를 받은 사람은 그 누구도 아닌 나 자신이었음을 깨닫게 되었다. 생각해보시라, 그 오만가지 동아리를 다 만들고 고민하고 좇아다녔으니.

삼성경제연구소 지식경영실장이란 자리에 있으면서, 또 SERI CEO를 운영하면서 내가 보고 듣고 느낀 것은 대한민국 그 누구도 누릴 수 없는 엄청난 기회와 특혜였다. 그래서 생각했다. 이제는 내가 수많은 기회와 경험을 통해 얻은 것들을 많은 분들께 돌려드려야 할 때가 됐다고.

그것이 이 책《오리진이 되라》다.

그렇다. 내가 얻은 수많은 것 중에서도 지금, 우리 대한민국에, 우리 기업들에, 우리 젊은이들에게 가장 필요한 것이 무엇일까? 그리고 앞으로의 세상에서 가장 중요하게 떠오를 화두는 무엇일까? 그 오랜 생각의 정점에서 찾아낸 답이 바로 이것이다. "오리진(origin)이 되자!"

나는 세상에는 두 종류의 사람이 있다고 생각한다. 바로 '오리진'과 그 나머지 사람.

스스로 처음인 자, 게임의 룰을 만드는 자, 새 판을 짜는 자, 원조(기원)가 되는 자. 그리하여 세상을 지배하고 자신의 운명을 스스로 창조하는 자, 그가 바로 오리진이다.

'나머지'는 오리진들이 이미 만들어놓은 게임의 규칙 안에서 서로 피 터지게 싸우는 이들이다.

하지만 이제 게임의 규칙이 완전히 바뀌었다.

오리진인 사람(기업)과 그렇지 않은 사람은 단순히 경제적인 면에서만 보아도 수천 배 이상의 차이가 난다. 이미 그렇게 되어가고 있다.

단적인 예가 애플(Apple)의 아이폰이다. 스티브 잡스(Steve Jobs)를 떠올려보라. 그들이 바로 오리진 사람이고, 오리진 제품이고, 오리진 기업이다. 그들은 제품 하나로 세상의 규칙을 바꾸고, 시장의 판을 새로 짜버렸다.

이 책에서 정의하는 오리진이란 한마디로 '스스로 처음(기원)이 되는 자'다. 흔히 하는 말로 '창조자'라고도 할 수 있지만 엄격한 의미에서는 개념이 조금 다르다. 굳이 무언가를 만들고 발명하는 사람만이 아니라 어떤 것, 혹은 생각의 기원이 되는 사람, 자신의 일에서 새로운 업(業)의 개념을 세우고, 자신만의 '판'을 짜는 모든 사람을 일컫는다.

사실 '오리진'이란 키워드는 오래전 미술평론가 이주헌 선생의 말씀 속에서 영감을 얻은 것이다.

"새로운 것을 창조하려면, 몰입해야 한다. 몰입을 통해 주변을 모두 잊고 집중하다 보면 우리는 기원(起源, origin)과 만나게 된다. 기원은 한마디로 '나다움'의 세상이다. 그리고 나다움과 만나서 만들어내는 것이 바로 독창적인 것, 오리지널(original)의 세상이다. 그래서 창조는 크리에이티브(creative)라기보다는 오리지널에 가깝다."

물론 예술의 세상과 경영의 세상은 같지 않다. 하지만 모든 것이 고도화되어버린 지금, 경영자들은 예술가가 되지 않을 수 없다. 마치 예술가가 새로운 장르를 만들기 위해 수많은 탐색과 실험을 마다하지 않는 것처럼, 이제 기업가들도, 아니 보통 사람들도 예술가들이 추구하듯이 오리진을 만드는 다양한 도전을 해야 한다.

또한 창조는 융합을 통해 이루어진다. 새로 만들어지는 모든 것들은 어쩌면 다른 무엇과의 융합의 결과물이다. 아무도 예상하지 못한 놀라운 융합은 그 자체가 창조다. 새로운 오리진을 만드는 것이다. 그 방법은, 다양한 분야에서 '놀아보는' 것이다. 여러 분야에서 재미있게 놀다 보면 새로운 생각과 만날 수 있다. 그래서 창조는 그리 어렵지 않은 것이라 말할 수 있고, 또 행복해야 만들 수 있는 것이라고 말할 수 있다.

이 책 역시 여러 장르에서 놀면서 내가 깨닫고 느낀 것들을 연결한 것이다. 굳이 의미를 붙이자면, 전문 단과반의 경험이 아니라 종합반에서 수학한 내용들이라 할 수 있다. 거창하게 말하자면 통섭(統攝, consilience)의 기록이고, 있는 대로 말하자면 융합과 연결의 기록이다. 또한 아이디어가 필요할 때마다 내가 사용했던 영감의 발상법이다. 여러분이 각자의 기원으로 돌아가 새로운 영감과 만나고, 세상에 이로운 창조를 꿈꾸는 데 작은 도움이 되었으면 좋겠다는 바람으로 조심스레 꺼내놓는다.

눈 빠른 CEO라면 이 책을 '창조경영'의 텍스트로 사용할 것이고, 가슴이 열린 부모라면 자녀들을 위한 '창의적 발상법' 교재로 사용할 것이다. 하지만 무엇보다 이 책을 통해 당신이 먼저 운명을 바꾸는 100억 원짜리 영감을 만나게 되기를 소망한다.

대한민국에 수백만 '오리진'이 탄생하는 그날을 꿈꾸며!

강신장

차례

High Time & Place

3. 창조의 목적지, 새로운 시공간을 선사하라

High Mix

4. 뒤집고 섞어야 새로운 세상이 열린다

High Concept
5. 컨셉이 없으면 창조도 없다

High Touch
6. 내가 먼저 주면, 그가 내 것이 된다

High Soul
7. 마음의 벽을 깨라

High Story
8. 예상을 깨는 이야기를 만들어라

High Slow
9. 새로운 세상과 만나는 위대한 느림

High Action
10. 오리진이 되어 세상을 바꿔라

창조 : 놀랍고 재미있는 것들을 보았을 때 나온 영감을 끝까지 잡아채서 만든 요리

'창조'를 주제로 오랜 기간 떠들고 돌아다녔더니, 내 얼굴만 보면 대뜸 창의력을 키우는 방법이 뭐냐고 묻는 분들이 많다. 그때마다 나는 이렇게 말한다.

"창의력은 '키우는' 게 아닙니다. 아니, 키울 필요가 없습니다. 왜냐하면 우리 모두가 이미 가지고 있기 때문입니다. 필요할 때마다 '꺼내 쓰기만' 하면 됩니다."

물론 말은 이렇게 했지만, 우리 안에 있는 창의력을 꺼내 쓰는 것이 어디 그리 쉬운 일인가! 왜냐하면 그 능력은 지금의 눈으로는 보이지 않는 것이고, 우리 안에 있어도 우리가 '있다' 고 믿지 않기 때문이다. 또 수없이 '꺼내 쓰기 연습' 을 했을 때에야 비로소 스스로 자복해서 나오는 성질이 있기 때문이다. 게다가 우리는 연습할 기회조차 없었다. 오호, 통재라!

그러면 사람들은 또 어떻게 하면 창의력과 창조성을 꺼내 쓸 수 있는지 묻는다. 거저 잡수시려고 한다. 하지만 나는 인내심을 갖고 또 이렇게 대답해드린다.

"갇혀 있고, 숨겨져 있는 능력을 꺼내 쓰려면 '열쇠'들이 필요합니다. 무엇보다도 그 열쇠는 재미있고 놀라운 것을 보았을 때, 즉 필(feel) 받았을 때 비로소 살아 움직이는 '감성의 열쇠'입니다. 그러므로 우리는 필 받는 사례들을 많이 공부해야 합니다. 필 받는 사례들을 많이 모아야 합니다. 필 받는 사례들을 놓고 재미있는 생각들을 연습해야 합니다. 그 때 숨겨진 창조력이 나옵니다."

이런, 설명이 더 어려워졌다. 다시 쉽게 이야기하겠다. 한마디로 말해 많이 보고, 많이 느끼고, 많이 사랑해보고, 많이 아파해보고, 많이 놀아본 사람이 훨씬 많은 창조거리를 갖고 있다는 얘기다. 그리고 그런 경험들을, 일부러라도 많이 만들어서 연습해야 한다는 뜻이다.

새로운 세계를 여는 '영감의 열쇠'들은 그렇게 연습한 사람만이 가질 수 있다. 그리고 그 열쇠를 가진 사람만이 '오리진'이 될 수 있다. 물론 그 열쇠는 한 개가 아니라, 여러 가지가 동시에 존재하는 입체적인 '다중 열쇠'들이다.

이쯤에서 이야기를 하나 해보자.

한 초등학생 소년이 부모님과 여행을 가서 하룻밤을 여관에서 묵게 되었다. 그런데 그 여관에는 어른용 베개밖에 없어서 자신의 몸에 비해 턱없이 높은 베개를 사용할 수밖에 없었다. 다음날 목이 뻐근하고 몸 이곳저곳이 불편했다. 그래서 소년은 평소 가지고 다니던 자신의 발명노트에 이렇게 적었다. '어른, 아이 모두 편안하게 쓸 수 있도록 높낮이를 조절할 수 있는 베개가 있으면 좋겠다.'

그런데 산업용 로봇을 생산하다 실패해 시름에 젖어 있던 아버지가 어느 날 아들의 노트를 보게 되었다. 그 순간 그는 무릎을 탁 쳤다. 이런 아이템이라면 분명 대박이라는 생각이 들었던 것이다. 소년의 아버지는 그 길로 개발에 박차를 가했고, 마침내 누구에게나 맞춤으로 높이가 조절되는 '국민표준베개'를 만드는 데 성공했다. 세계 30개국의 특허를 받은 이 베개 하나로, 소년의 아버지는 재기에 성공했고, 소년은 건강한 삶에 기여하는 발명가의 꿈을 품게 되었다. 누구나 생각할 수 있는 아이디어가 가족의 운명을 바꾼 것이다.

자, 이 이야기에서 얻을 수 있는 것은 무엇일까? 창조에는 체급이 없다는 것이다. 오리진이 되는 것에는 나이도, 학력도 필요 없다. 그리고 평소에 그것이 '습관'이 된 사람, 그 '열쇠'를 갖고 있는 사람에게만 그것이 보인다는 것이다. 그들은 자신이 들여다본 불편함이나 아픔, 혹은 즐거움을 통해 영감을 얻고, 그것을 끝까지 놓치지 않는다. 그리하여

'세상에 없는' 새로운 것들을 창조해낸다. 그리고 그것으로 자신의 운명을 바꾼다.

그러므로 이 책은 무엇에 쓰는 물건인가 하면, 바로 그런 놀라운 아이디어, 영감을 얻는 법에 관한 이야기다. 즉 우리 모두의 가슴속에 있는 멋진 생각을 꺼내는 데 필요한 '영감의 열쇠'들에 관한 이야기다. 좀 거창하게 말한다면, '창조'에 관한 이야기이고, 누구든 자신의 '운명을 바꾸는 방법'에 관한 이야기다.

이 책은 우리에게 창조를 바라보는 새로운 시각, 눈(目)을 선사할 것이다. 어떤 눈으로 세상을 바라봐야 하는가, 어떤 마음으로 세상을 읽어야 하는가, 또 세상을 바꾸려면 어떤 신념을 가져야 하는가가 이 책의 주제다.

아시는 분은 아시겠지만, 나는 어렵고 딱딱한 것을 좋아하지 않는다. 나는 학자도 아니고, 연구원도 아니며 그렇다고 작가는 더더욱 아니다. 글쓰기보다는 말하는 것을 좋아하고, 사람들과의 유쾌한 대화를 즐기는 사람이다. 따라서 이 책의 서술은 지난 8년 동안 그랬던 것처럼 때로는 마치 강연장에서 앞에 계신 분들과 눈을 맞추며 얘기하듯이 했다. 때로는 어느 와인카페에서 친구들과 농담을 던져가며 즐겁게 떠드는 심정으로 기술했다. 학자나 전문가들이 보시면 너무 가볍다 하실지 모르겠지만, 한 경영자가 현장에서 여러 분야를 공부하며 느낀 생생한 체험담, 새로운 생각을 갖게 만드는 재미있는 창조사례 모음집, 그리고 창조에 대한 다양한 관점을 제시한다 생각하고 즐거운 마음으로 가볍게 읽어주시기를 부탁드린다.

창조라는 말은 너무 거창해서 멀어 보이고 또 사람의 기를 죽이는 재주가 있지만, 이 책을 읽으면서 '창조? 뭐 그까이꺼, 해볼 만하네!' 하는 자신감을 얻게 되리라 감히 약속한다. 창조본색을 여실히 느끼는, 즐겁고 신나는 한판의 놀이 같은 시간이 되기를 바란다.

자, 이제 '오리진'으로의 즐거운 여행을 떠나보자.

High Love

1

목숨 걸고 사랑하라

Fom remarkable to ORIGIN

사랑은 그렇게 오더이다

배연일

아카시아 향내처럼
5월 해거름의 실바람처럼
수은등 사이로 흩날리는 꽃보라처럼
일곱 빛깔 선연한 무지개처럼
사랑은 그렇게 오더이다

휘파람새의 결 고운 음률처럼
서산마루에 번지는 감빛 노을처럼
은밀히 열리는 꽃송이처럼
바다 위에 내리는 은빛 달빛처럼
사랑은 그렇게 오더이다

미치도록 사랑해야 만들 수 있는 것

예술은 사랑의 기록이다. 누군가가 무엇인가를 너무나 사랑해서 미치도록 빠져들어 만들어낸 것들이다.

예술은 우리 모두에게 어떤 의미가 있을까?

우선, 예술은 우리가 바삐 사느라 미처 보지 못하고 지나쳐버린 소중한 것들을 다시 볼 수 있게 해준다.

또한 예술은 예술가들의 실험과 도전을 통해 미래를 미리 만나게 해주고 잠자던 창의성을 깨워준다.

그럼으로써 우리를 즐겁고 행복하게 해주고 감동을 줄 뿐 아니라, 그것을 통해 서로의 마음을 열어 소통하게 해준다.

그래서 예술가가 아닌 우리가 이제라도 예술을 공부해보는 것은 너무나 중요한 일이다. 예술은 바로 성찰의 학교, 창조의 학교, 소통의 학교

이기 때문이다. 그런 관점에서 보면 비록 오래된 예술품 속에서도 우리는 미래와 만날 수 있다. 또 하나의 '오래된 미래', 르네상스 속에는 보물과도 같은 통찰들이 있다.

'달콤한 생각'이 만들어낸 신천지, 르네상스

연세대학교 신학대학 김상근 교수는 참으로 대단한 분이다. 그는 신(神)학자이지만 어떤 인문학자보다 인간을 더 잘 이해하고 따뜻하게 바라본다. 그분이 SERI CEO에서 진행한 '르네상스 창조경영' 강의를 듣고 감동받은 사람들이 모여 2009년 12월 중순, 사부님(김 교수)과 함께 르네상스의 중심인 이탈리아 피렌체로 떠났다. 김 교수는 매일 거의 10시간씩 10일 동안 제자들을 업그레이드시키기 위한 초인적인 강연을 해주셨다. 그 여행의 목적을 단 한 줄로 정리하자면 바로 이것이었다.

'그때 이탈리아 피렌체에서 도대체 무슨 일이 있었길래, 그 이전의 세상과는 전혀 다른 새로운 세상, 즉 르네상스 시대가 열릴 수 있었는가?'

르네상스라는 새로운 세상을 만든 힘이 무엇이었는지를 알아내면, 우리 모두도 우리가 꿈꾸는 새로운 세상, 우리가 세상에 선사하고 싶은 선물들을 만들 수 있지 않을까, 그런 생각을 한 것이다.

그래서 어렵게 찾아갔던 길, 그곳에서 김상근 교수를 통해 만난 첫 번째 해답은 이것이었다.

Dolce Stil Novo.

이탈리아 말로 '돌체 스틸 노보', 영어로 하면 'sweet new style'이다. 《신곡(La Divina Commedia)》을 쓴 단테(Alighieri Dante)는 750년 전에 이런 답을 남겼다. 만약 이전과는 전혀 다른 새로운 세상을 열고 싶다면 그 첫 번째 열쇠는 "돌체 스틸 노보!", 즉 달콤하고 새로운 스타일로 생각하는 것이라고. 여기에서 키워드는 무엇일까? 그렇다. '달콤하게'다.

새로운 방식으로 해야 한다는 건 다 알겠는데, 그 방향이 '달콤한 방식'이어야 한다는 말이다.

도대체 달콤한 방식이란 어떤 것일까?

또 '달콤한 생각'이란 어떤 생각일까?

백문이 불여일견. 무엇이 달콤하다는 것인지 르네상스 화가 마사초(Masaccio)의 〈피렌체 귀부인의 출산〉을 보자(32쪽 참조). 어느 부인이 출산을 해서 사람들이 축하하러 오는 장면이다. 여기 보면 나팔수가 축하 팡파르를 분다. 한번 확대해볼까? 나팔수의 얼굴을 보라. 볼이 터질 것 같고, 눈알은 빠질 것 같다. 어찌나 세게 부는지, 얼마나 기쁜 마음으로 세게 부

마사초, 〈피렌체 귀부인의 출산〉
전체와 부분 확대

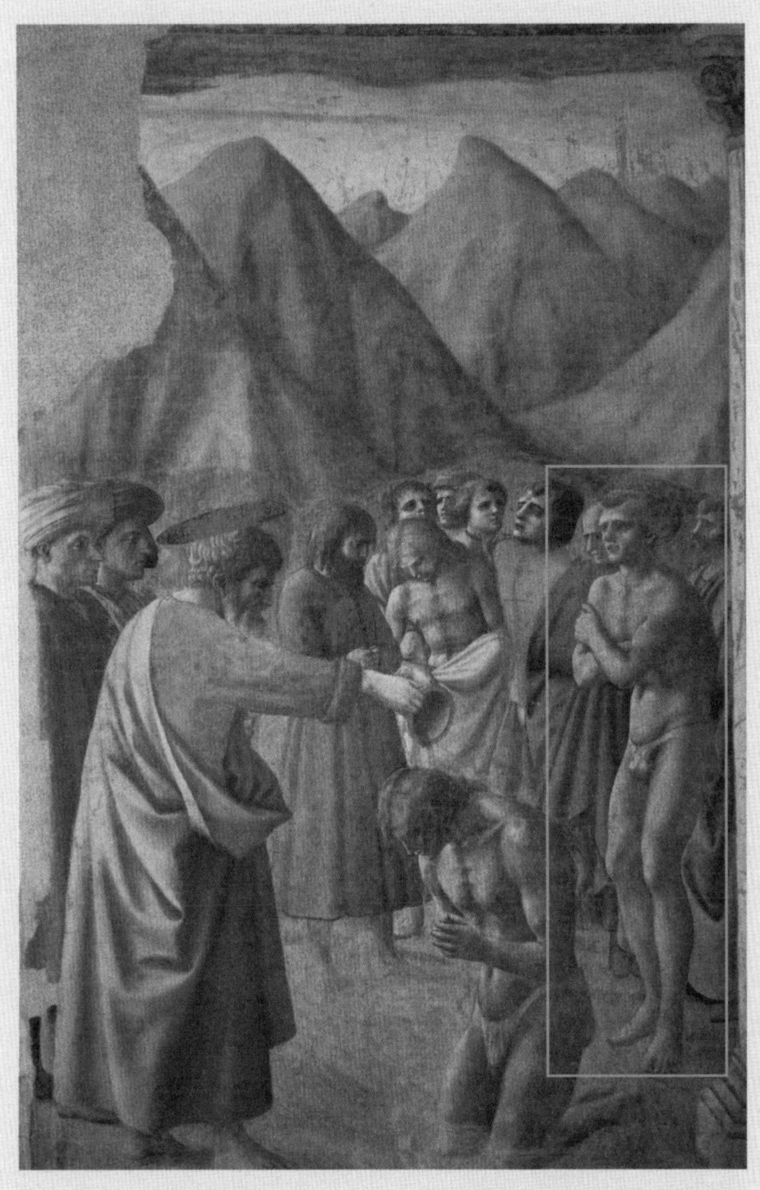

마사초, 〈세례를 베푸시는 성 베드로〉

는지 저 표정에 다 나타난다. 생각해보시라. 그 이전에는 나팔수의 볼이나 눈알 따위에 관심을 둔 화가는 없었다. 그런데 르네상스에 이르러 이것을 보고, 이렇게 재미있는 그림을 그렸다. 이렇게 섬세한, 이렇게 달콤한 그림을.

마사초의 또 다른 그림은 성 베드로에게 세례를 받는 장면을 포착했다(33쪽 참조). 이 그림은 제목이 '세례를 베푸시는 성 베드로'다. 그러나 내가 생각한 제목은 '겨울 세례도'다. 겨울에 세례를 받는데 얼마나 춥겠는가. 뒤에 줄 서 있는 사람들 좀 보라, 막 벌벌벌 떤다(그림 속 파란색 박스 참조). 앞에서는 엄숙하기 이를 데 없는데, 그러거나 말거나, 뒤에 있는 이들은 고통스러워 어쩔 줄 모른다.

가톨릭에서 '세례'란 가장 중요한 의식이다. 그렇게 중요한 의식을 받으면서 이렇게 고통스러워한다는 것은 있을 수 없는 일이다. 중세적 시각으로 보면 이건 신성모독에 가까운 것이어서, 어떤 화가도 이런 식으로 그리지는 못했다. 그런데 마사초는 그렇게 그렸다.

왜?

그가 그리려고 한 것은 신성모독이 아니라, '진정한 인간'에 관한 것이었기 때문이다. 즉 인간은 아무리 성스러운 순간일지라도, 추위가 오면 벌벌벌 떨 수밖에 없는 나약한 존재라는 사실을 얘기하려는 것이다. 이전의 화가들이 종교적 엄숙주의에 사로잡혀 결코 보지 못했던 것, 혹은 보고도 외면했던 것을, 그는 섬세하게 바라보고 그렸던 것이다.

결국 내가 찾아낸 '달콤하게(Dolce)'의 진정한 뜻은 '사랑'이다.
'사랑의 눈'으로 보면 보이지 않던 것을 비로소 볼 수 있다는 것이다.

사랑으로 보지 않으면 나팔수의 그 터질 것 같은 볼, 빠져나올 것 같은 눈알을 볼 수 없고, 세례라는 엄숙한 순간에도 떨 수밖에 없는 사람들의 표정을 읽어낼 수 없다. 사랑의 마음이 중요한 이유는, 사랑으로 보아야 비로소 사람이면 누구나 갖고 있는 외로움, 그리움, 슬픔, 아픔을 들여다볼 수 있기 때문이다. 보이지 않는 것을 볼 수 있는 힘이 바로 사랑인 것이다. 그래서 사랑이 중요하다. 사랑하는 마음이 없는데, 어떻게 그 사람의 (기쁨과 즐거움은 차치하더라도) 외로움, 괴로움, 불편함, 번거로움 따위에 관심을 가질 수 있겠는가.

그렇기 때문에 창조의 첫 번째 법칙은,
즉 새로운 영감을 얻어낼 수 있는 첫 번째 원천은 단연코 '사랑'이라고 생각한다.

사람들이 르네상스를 '인본주의'라 부르는 것도 바로 이런 사랑의 눈과 마음으로 사람들의 내면을 들여다보았기 때문이다. 그 이전에는 종교의 눈으로만 봤는데, 그것을 버리고 인간에 대한 사랑의 눈으로 보니 외로움, 그리움, 슬픔, 아픔 같은 나약하고 '인간적인' 면면이 비로소 눈에 들어오기 시작한 것이다. 그 이전의 사람들이 볼 수 없었던 내면을 바라보고 다가갈 수 있는 힘이 생긴 것이다. 그래서 만들어진 것이 바로 르네상스라는 새로운 세상이다.

지금 우리가 어느 분야에서건 '나만의 르네상스'를 만들고 싶다면, 그것은 결코 어렵지 않다.

마치 연인들이 목숨 걸고 사랑을 하듯, 세상 사람들과 우리의 고객들을 사랑의 눈으로 바라보라.

진심어린 사랑의 눈으로 바라보면, 볼 수 없었던 것들, 또 보이지 않는 것들, 또 남들이 보지 못하는 것들을 볼 수 있는 신비로운 힘이 생긴다.

진정한 사랑과 담배회사가 만나면?

내가 어디선가 진심으로 사랑하는 것이 창조의 씨앗이라고 얘기하자, 담배를 피우고 있던 어떤 분이 흥미로워하며 물었던 적이 있다. "만약 사랑의 마음이 있다면 이 담배도 새로운 개념의 담배로 만들 수 있을까요?"

이 질문에는 의심, 장난기, 그리고 나를 시험하는 마음이 다분했지만, 나는 짐짓 모르는 척 3가지 아이디어를 말해주었다.

"물론이죠. 첫 번째로, 담배 한 갑에는 20개비가 들었는데, 저라면 그

중 하나는 골드필터, 또 하나는 핑크필터를 넣어둘 겁니다. 그러면 상사에게 담배를 드릴 때나, 숙녀분에게 담배를 드릴 때는 그것들을 꺼내게 되겠지요. 심지어 지나가는 분이 저한테 담배 한 대를 부탁하면 저는 서슴없이 하나뿐인 골드필터를 그분께 드릴 겁니다. 그것 하나로 그 사람과 나는 뜻밖의 친구가 될 수도 있지 않을까요?"

"또 두 번째로 만약 제가 담배를 만든다면, 담배 개비마다 이름을 붙일 겁니다. 어떤 것은 '추억(memory)', 또 어떤 것은 '열정(passion)', 또 어떤 것은 '고독(loneness)' 등으로 말이죠. 그렇게 되면 저는 담배를 피울 때마다 선택을 하게 됩니다. 지금 이 시간엔 추억을, 또 다음에는 열정을, 또 어떤 때는 고독을…. 그럼으로써 담배는 단순한 기호품에서 벗어나, 하나의 감성상품으로 다시 태어날 수도 있지 않을까요?"

"세 번째로 제가 만약 담배 이름을 정하게 된다면, 제가 붙이고 싶은 이름은 '이매진(imagine)' 또는 '씽크박스(think box)' 같은 것들입니다. 왜냐하면 흡연자들을 금연의 열풍 속에서 구해내려면, 그들에게 담배뿐 아니라 담배를 피우는 명분을 함께 주어야 하기 때문입니다."

이 아이디어를 듣고 그분이 너무 재미있고 또 써먹을 만한 생각이라고 칭찬하며 열심히 메모를 했던 기억이 난다.

비록 즉흥적이었지만 내가 이런 아이디어를 생각할 수 있었던 것은, 당시 내가 엄청난 골초였기 때문이다.

이심전심, 흡연자를 바라보는 '사랑의 마음'이 극진했던 시절이었기 때문이지 않았을까.

'애절함'으로 만든 와인 이름 암기법

SERI CEO에서 개설한 '와인앤컬처(Wine & Culture)' 공부의 주제는 '오감(五感)'이다. 물론 와인 공부를 통해 써먹을 수 있는 유용한 지식도 얻지만, 더 중요한 목적은 와인을 통해 맛과 향기라는 미지의 세계로 들어가, 바삐 사느라 무뎌져버린 감각의 돌기들을 일으켜 세우는 것이었다. 스승으로 초빙한 우리나라 최고의 감각녀(女), 김기재 선생과 함께 와인을 공부할 때마다 유혹의 힘이 '빵빵하게' 세진 것을 느낄 수 있었다.

하지만 초보자 입장에서 보면 와인의 세계는 너무 방대하고 어렵다. 외워야 할 포도 품종, 와인의 종류, 와인 메이커의 이름이 너무 많아 머리가 아파서 쳐다보기도 싫어질 때가 있다. CEO들의 표정을 바라보니 바로 그 표정이었다. 와인 공부를 하자고 불러낸 원죄(?)가 있는 나로서는 죄송한 마음을 금할 길이 없었다. 그래서 이분들께 도움이 될 방법이 없을까 하고 간절하게 생각하다 찾아낸 것이 바로 '와인 이름 암기법'

이다. 다들 듣고 나서 즐거워하셨고, 쉽게 활용하는 것을 보고 나 또한 기뻤다. 몇 가지를 소개해본다면….

재미로 보는 와인 이름 암기법

보르도의 다섯 동네 이름(5대 와인 산지)

- 메생그소포 : '메생이가 그리우면 소포로 받으세요.'(메독Medoc, 생떼밀리옹Saint-Emilion, 그라브Graves, 소떼른Sauterne, 포므롤Pomerol)

보르도의 5대 샤또 이름

와인교도(?)가 되려면 5대 샤또에 대한 존경심을 가지고 하늘을 향해 양팔을 벌리고 이 주문, '오, 라마라무!'를 크게 외친 후, 두 손을 모아야 한다. 그래야 와인의 세계에 들어갈 수 있다.

- 오라마라무 : 오브리옹(Haut Brion), 라뚜르(Latour), 마고(Margaux), 라피트 로칠드(Lafitte Rothschild), 무똥 로칠드(Mouton Rothschild)

대표적인 포도 품종 7가지

메케산피시 소리샤 : 와인의 나라에 가면 큰 산을 하나 만나는데, 이 산의 이름은 매캐한 냄새가 난다고 해서 '메케산'이고, 그 산에는 물고기(fish)가 있는데 이 피시는 이상한 소리를 낸다. 무슨 소리를 내느냐 하면, '샤~' 하는 소리다.

앞의 5개가 레드와인의 다섯 품종이다. 이것을 '독수리오형제'라 이름 붙였고, 뒤의 3개는 화이트와인의 3대 품종이라서 '미녀삼총사'라 불렀다.

- 독수리오형제 : 메케산피시(메를로Merlot, 케비넷(카베르네) 소비뇽 Cabernet Sauvignon, 산지오베제Sangiovese, 피노누아르Pinot Noir, 시라Syrah)
- 미녀삼총사 : 소리샤(소비뇽 블랑Sauvignon Blanc, 리슬링Riesling, 샤르도네Chardonnay)

이탈리아 슈퍼 토스카나 와인 오총사 이름

일본엔 욘사마, 이탈리아엔 오사마가 있다. 그런데 그는 쫄티가 아니라 솔티라는 티셔츠를 입는다. → '오사마솔티'

- 오사마솔티 : 오르넬라이아(Ornellaia), 사시카이아(Sassicaia), 마세토(Masseto), 솔라이아(Solaia), 티냐넬로(Tignanello)

가장 어려운 이름, 미국의 컬트와인

그레이스 엄마는 할부세대다 → '그레이스 마마스 할브쉐델'

- 그레이스 마마스 할브쉐델 : 그레이스 패밀리(Grace Family), 마야(Maya), 마르카신(Marcassin), 스크리밍 이글(Screaming Eagle), 할란 이스테이트(Harlan Estate), 브라이언트 패밀리(Bryant Family), 쉐이퍼(Shafer), 델러베일(Dalla Valle)

이 암기법의 특징은, 한마디로 너무나 유치하다는 것이다. 내가 생각해도 정말 유치찬란하다. 삼성의 전무가 이렇게 유치한 것을 만들고 전파해야 하나, 정말 고민도 많았다. 하지만 비록 유치하기는 했지만 이 암기법을 통해 그분들이 그 낯선 이름들을 하나하나씩 기억해가는 것을 바라보면, 나에게 쏟아지는 유치하다는 시선쯤은 얼마든지 참아낼 수 있었다. 여담을 한 가지 하자면, 와인 사부님인 김기재 선생이 5대 샤또 중 하나인 오브리옹의 오너에게 이 5대 샤또 암기법을 말해주었더니, 파안대소하며 너무나 독창적이고 재미있는 생각이라고 높이(?) 평가했다고 한다.

거듭 말하지만, 이 암기법은 정말 유치하다. 하지만 이 암기법은 애절함의 산물이다. 어느 전문가도 갖지 못한 초보자에 대한 사랑이 듬뿍 배어 있는 것이라고 나는 감히 주장한다. 이 유치하지만 독창적인 세계 최초의 와인 이름 암기법을 만든 것은 바로 '사랑'이다. 어느 전문가도 하지 못한, 아니, 할 수 없었던 것을 할 수 있었던 힘은 바로 '사랑의 힘'이었던 것이다. 나는 당신이 갖고 있는 무한한 사랑의 힘을 믿는다. 그 사랑의 힘이 지금 하고자 하는 일에 가득 담길 때, 그때 만들어지는 것이 바로 '창조'다. 새로운 제품과 새로운 서비스는 예외 없이 그렇게 만들어진다.

상상력의 근원은 애절함

시인들은 보이지 않는 것, 우리가 잘 보지 못하는 것을 본다. 한때 나는 시인들의 상상력의 근원이 무엇인지 궁금했던 적이 있다. 그러던 중 황인원 선생의 《시에서 아이디어를 얻다》라는 책에서 많은 영감을 얻을 수 있었다.

시인들이 가지고 있는 가장 큰 상상력의 힘은 과연 무엇일까? 황인원 선생과 대화를 하며 찾아낸 한 가지 답은 '의인화(擬人化)'다. 시인들은 꽃도 사람이라고 생각하고, 흐르는 강물도 사람이라고 생각하고, 하늘에 떠 있는 구름도 사람이라고 생각한다. 그 마음으로 대상이 말하려는 것이 무엇인지를 찾아낸다. 의인화를 해보면 꽃이 나에게 들려주는 그리움이 무엇인지, 강물이 내게 보내오는 이야기가 무엇인지, 구름이 전해주는 소식이 무엇인지를 보고 들을 수 있는 힘이 생긴다는 것이다.

나무들

김남조

보아라
나무들은 이별의 준비로
더욱 사랑하고만 있어

한 나무 안에서
잎들과 가지들이
혼인하고 있어
언제나 생각에 잠긴 걸 보고
이들이 사랑하는 줄
나는 알았지

오늘은 비를 맞으며
한 주름 큰 눈물에
온몸 차례로 씻기우네

아아 아름다와라
잎이 가지를 사랑하고
가지가 잎을 사랑하는 거
둘이 함께
뿌리를 사랑하는 거

밤이면 밤마다
금줄 뻗치는 별빛을
지하로 지하로

부어내림을 보고
이 사실을 알았지

보아라
지순무구, 나무들의 사랑을 보아라
머잖아 잎은 떨어지고
가지는 남게 될 일을
이들은 알고 있어
알고 있는 깊이만큼
사랑하고 있어

시인들의 그 마음을 나는 '사랑의 마음'이라고 본다. 우리가 사랑의 마음으로 사람들을 바라보고 사랑의 마음으로 제품들을 바라보고, 사랑의 마음으로 사람들의 생활을 들여다본다면 우리는 만나게 될 것이다, 사람들이 원하는 것이 무엇인지를. 그것도 그냥 사랑 말고, 진심으로, 애절한 마음으로 사랑하는 '하이러브(high love)'를.

결국, 러브와 하이러브(high love)의 차이는,
'애절함'의 차이다.

지금은 중소기업연수원장직에 계신 이경렬 님께 들었던 이야기다.

옛날 어느 마을에서 아버지와 아들이 토끼 사냥을 하러 산에 갔다. 그런데 토끼가 잘 잡히지 않자 이들은 꾀를 내서 아들은 산 위에서 아래로, 아버지는 아래에서 위로 협공작전을 펼쳤다. 마침내 아버지는 토끼를 잡았고, 산 위에 있는 아들이 내려오기를 기다렸다.

그러나 어찌된 일인지 아들이 내려오지 않자, 걱정이 된 아버지는 산 위로 올라가 아들을 찾았다. 그래도 흔적이 없자 급기야 노구(老軀)를 이끌고 산꼭대기 나무 위로 올라가 아들이 어디 있는지 두루 살펴보았다.

이 고사를 담은 한자가 있다.

친(親). 나무(木) 위에 올라서서(立) 멀리 바라본다(見)는 뜻이다.

즉 내가 누구와 '친하다, 친구다' 라고 얘기하려면 마치 아들을 잃어버린 아버지가 나무 위에 올라서서 아들을 찾아 헤매는 마음과 같아야 한다. 그 애절함을 가졌을 때, 비로소 '친' 하다고 말할 수 있다는 것이다.

하이러브는 이처럼 애절한 마음이다.

우리 모두는 지금 새로운 것을 찾아 헤매고 있다. 창조를 위해서다. 새로운 미래를 만들기 위해서다. 더 실감나게 말하면, 우리의 '운명'을 바꾸기 위해서다. 어제와는 다른 오늘을 삶으로써 나의 운명을 좀 더 가치 있게 바꾸고 싶어서다. 그런데 창조를 위해서는, 운명을 바꾸기 위해서는, 무엇보다 사랑해야 한다.

내가 만나는 모든 사람들을, 모든 대상들을 진심으로 사랑하라. 그래야 보인다, 남들은 보지 못한 것들이. 또 그래야 비로소 내가 그토록 만나길 열망했던 '나만의 오리진(origin)'과 만날 수 있다.

Insight Question

운명을 바꾸고 싶은가? 그렇다면….

• 지금 나에게 가장 소중한 사람은 누구인가? 또 내가 지금 매혹시켜야 하는 대상은 누구인가?

• 그리고 생각해보자. 그들의 내면을, 내면에 있는 고민이 무엇인지를.

• 그리고 찾아보자. 진정한 친구로서 그들을 돕고 사랑해줄 방법이 무엇인지를.

Inspiration Box

변기회사 토토의 애절한 사랑

'얼굴만 물로 씻냐? 엉덩이도 온수로 씻고 싶다!'

화장실에서의 볼일을 종이로 마무리하던 시절, 이런 열망을 가진 변기회사가 있었다. 바로 일본의 토토(TOTO) 변기. 토토의 비데 '워시렛'은 일본 가정의 3분의 2에 보급된 초특급 히트상품이다.

더욱 놀라운 것은 일본의 경제산업성이 '신일본양식 100선(選)' 중 하나로 토토 변기를 꼽았다는 점이다. '일본의 품격을 수출하는 회사', 더 구체적으로 말하면 일본의 청결감을 대표한다는 것이 그 이유다. 어쩌다 변기 하나가 일본을 대표하는 문화상품이 되었을까? 2007년에만 5,120억 엔의 매출을 올린 놀라운 기업 토토, 그들의 성공비결은 무엇일까?

가장 중요한 요인은 사람들에게 가장 좋은 것을 선사하고 싶은 마음에서 나온 창조성이다. 아시다시피 화장실은 인간에게 마지막 남은 자유공간이며, 인간본성이 적나라하게 드러나는 곳이다. 그러므로 인간본성에 대한 이해 없이는 새로운 상품을 제안할 수 없다. 인간에 대한 지극한 애정이 없으면 안 된다는 것이다.
사람들에게 '쾌적한 마무리'를 선사하기 위한 토토의 간절한 마음이 어느 정도였는지는, 그들이 신제품을 개발하면서 이겨낸 여러 난제들 속에 잘 나타난다. 몇 가지만 살펴보면 다음과 같다.

첫 번째 난제, 항문의 위치.
비데를 개발해야 하는데 항문의 평균 위치가 어디인지, 정확한 데이터가 없었다. 이에 제품개발팀은 변기에 철사망을 쳐놓고 직원들에게 각자의 항문 위치를 표시해달라고 부탁했다. 직원들, 특히 여직원들이 얼마나 민망해했을지 상상이 갈 것이다. 그럼에도 개발팀은 굴하지 않고 직원들을 붙잡고 읍소(泣訴) 작전을 펼쳐서, 마침내 사원 300명의 데이터를 확보했다.

두 번째 난제, 발사 각도.
물을 정확히 항문으로 발사하는 동시에, 섬세한 부위에 닿는 충격(?)과 물 반사를 최소화하는 발사 각도를 구해야 했다. 토론과 고민을 거듭하던 중, 제품개발팀은 자동차에서 라디오 안테나가 올라오는 데서 힌트를 얻었다. 숱한 실험 끝에 마침내 그들은 43°라는 최적 각도를 찾아내는 데 성공했다.

세 번째 난제, 쾌적한 온도.

온수와 변좌, 온풍의 최적온도를 찾기 위해 토토는 온도를 0.1℃씩 올리는 실험을 계속했다. 또 어느 온도까지 견딜 수 있는지도 실험했는데, 이때도 직원들의 고생은 이만저만이 아니었다. "뜨거워 죽겠다!"는 불만이 비등했는가 하면, 영하 10℃까지 내리는 실험에서는 "얼어 죽겠다!"는 항의가 빗발쳤다. 수많은 실험을 거친 결과, 결국 온수의 온도는 38℃, 변좌의 온도는 36℃, 건조용 온풍은 50℃가 적당하다는 사실을 찾아냈다. 아울러 누전 위험을 없애면서 온도를 유지하는 방법을 고민한 끝에, 교통 신호등의 코팅방식을 변기에 적용해 제품개발을 완료했다.

만약 이들에게 최적의 사용조건을 제공하겠다는 마음이 없었다면, 매일 보는 자동차 안테나나 교통 신호등에서 변기 문제의 솔루션을 떠올리기는 쉽지 않았을 것이라 생각한다.

이 밖에도 토토가 고객을 알기 위해 시도하는 노력은 다양하다. 일례로, 영업 파트의 여성 비율이 높다. 여성들이 화장실에 민감하게 반응하기 때문이다. 고객들과 '맞아 맞아' 하고 맞장구를 쳐가며, 화장실에서의 온갖 '인간다운 고민'을 듣고 제품개발로 연결시키려는 노력의 일환이다. 고객들과 조금이라도 친해지려는 시도다.

High

2

Pain & Joy

고통을 모르면
그를 기쁘게 할 수 없다

Fom remarkable to ORIGIN

수선화에게

정호승

울지 마라
외로우니까 사람이다
살아간다는 것은 외로움을 견디는 일이다
공연히 오지 않는 전화를 기다리지 마라
눈이 오면 눈길을 걸어가고
비가 오면 빗길을 걸어가라
갈대숲에서 가슴검은도요새도 너를 보고 있다
가끔은 하느님도 외로워서 눈물을 흘리신다
새들이 나뭇가지에 앉아 있는 것도 외로움 때문이고
네가 물가에 앉아 있는 것도 외로움 때문이다
산 그림자도 외로워서 하루에 한 번씩 마을로 내려온다
종소리도 외로워서 울려퍼진다

운명을 바꾸기 위해서는 진심으로 사랑해야 한다고 했다. 그러나 이건 사실 마수걸이에 불과하다. '오프닝(opening)'이라는 것이다. 진심으로 사랑하는 마음을 가지는 건 기본이자 준비단계이고, 정작 중요한 것은 그 마음으로 남들이 보지 못한 것을 들여다보아야 하고, 남들이 찾지 못한 것을 찾아야 한다는 것이다.

무엇을 보고, 무엇을 찾아야 할까?

창조를 만드는 두 가지 원천

내가 터득한 원리는 다음과 같은 것이다.

다음 둘 중 하나, 또는 두 가지 능력을 모두 가지면 운명이 바뀐다.

하나는 '아픔을 들여다보는 힘', 다른 하나는 '기쁨을 보태는 힘'이다.

아픔을 들여다보는 힘이 있으면 운명이 바뀐다.
기쁨을 보태는 힘이 있으면 운명이 바뀐다.

남이 보지 못한 아픔을 보면 새로움이 보인다

하나씩 살펴보자. 우선 '아픔'부터.

'아픔'이라고 통칭하긴 했지만, 아픔의 종류는 한두 개가 아니다. 외로움, 그리움, 슬픔, 불편함, 번거로움, 그리고 진짜 아픈 것까지, 이런 것들이 모두 다 '아픔'이다.

그런데 아픔의 특징이 뭔가 하면, '눈에 보이지 않는다'는 것이다.

우리는 항상 나의 아픔을 잊기 위해 노력한다. 왜냐하면 아픔은 말 그대로 너무 아프기 때문에 잊으려 급급하고, 감추려 급급한다. 그렇기에 남의 아픔을 들여다본다는 것은 더더욱 어려운 일이다. 보려고 해도 잘 보이지 않고, 쉽사리 보여주지도 않는다. 그래서 우리는 모두 하나도 아프지 않은 것처럼 연기하고 산다. 또 상대의 아픔을 모르는 것처럼 시치미 떼고 산다.

아픔은 섬세한 사람만이 들여다볼 수 있는 특권이다.

보통 사람들은 아픔을 피하기 위해 급급하지만, '선수'들은 아픔을 찾기 위해 노력하고, 남들이 보지 못한 아픔을 찾아내면 "심봤다!"를 외친다. 아픔이 바로 창조의 씨앗이기 때문이다. 모든 창조자들은 남이 못 본 아픔을 본 사람이라 해도 과언이 아니다. 정말이다. 많은 사람들이 찾아 헤매는 창조의 단초는, 놀랍게도 '아픔'에 있다.

- 한경희의 스팀청소기는 물걸레질을 해야만 하는 주부들의 아픔을 보았기에 창조되었고,
- LG의 '메카폰'은 하루 다섯 번씩 이슬람 성지(聖地)인 메카를 향해 기도해야 하는 무슬림들의 고민('메카가 어느 쪽이냐!')을 보았기에 창조되었다.

남이 주지 못한 기쁨을 주는 것이 새로움이다

운명을 바꾸는 두 번째 키워드는 '기쁨을 보태는 힘'이다.

기쁨에도 여러 종류가 있으니, 즐겁고, 재미있고, 편리하고, 아름답고, 웃기고, 이런 것들이 다 '기쁨'이다.

기쁨은 무언가를 보태는 것이기 때문에 한 세계에 다른 세계를 가져다 뒤섞어야 한다. 여기서 '융합'이라는 중요한 키워드가 나오는데, 융

합은 '4장, 하이믹스'에서 더 크게 별도로 다루도록 하겠다. 여하튼 기쁨을 주려면 융합을 해야 하는데, 이것은 특징이 뭔가 하면 '아무나 쓸 수 없다'는 것이다.

섬세한 사람만이 아픔을 볼 수 있다면,

기쁨을 보태는 능력은 재료를 가지고 있는 사람, 뭔가 뒤섞을 것이 있는 사람, A와 합칠 수 있는 B라는 재료를 갖고 있는 사람만 쓸 수 있는 특수기술(?)인 것이다.

요즘 '나는 놈 위에 노는 놈 있다'라는 말을 가끔 듣는다. 그 뜻은 무엇일까?

아마도 미술의 세계에 가서 놀아보고, 음악의 세계에 가서 놀아보고, 나무의 세계에 가서 놀아보고, 동물의 세계에 가서 놀아본 사람들은 그 세계와의 융합을 통해 새로운 재미를 상상해낼 수 있기에, '민간인'들이 '놀아본 놈'을 이기기는 어렵다는 뜻이리라.

뭔가를 더할 재료가 없는 사람은 옆에서 부러워할 수밖에 없다는 말이다.

놀아본 놈이 놀 줄 안다고, 다양한 재미와 기쁨을 많이 접해본 사람이 기쁨의 재료(source)를 더 많이 갖고 있고, 이들이 특별한 상상을 할 수 있는 것은 자명한 이치다.

이야기를 쉽게 풀어가기 위해 히트상품들을 매개로 생각해보자. 경쟁이 무르익을 대로 무르익은 성숙한 제품들의 시장에서 자신의 운명을 바꾼 주인공들이 바로 히트상품들이다. 그들은 도대체 무슨 짓을 했기에 뻔하디뻔한 성숙시장에서 운명을 바꿀 수 있었을까?

이제부터 나와 함께 아픔과 기쁨이라는 두 단어를 통해 창조의 비결을 찾아가보자.

사례 1 : 롯데 '피츠' 껌

2009년 일본의 히트상품 중에는 유명한 껌이 있다. 2009년 3월, 일본롯데에서 '피츠(Fit's)'라는 껌을 출시했는데, 3주 동안 2,000만 개가 팔렸고, 급기야 만들어놓은 게 모자라서 한동안은 물건이 없어서 못 팔았다고 한다.

'아니, 뭔 놈의 껌을 도대체 어떻게 만들었길래 난리가 났나?' 하는 생각이 들지 않을 수 없다. 그래서 한번 살펴보았다.

우리나라나 일본이나, 껌 시장 매출은 계속 줄어드는 추세다. 왜? 당연하게도 껌을 안 씹는 사람들이 많아졌기 때문이다. 그중에서도 젊은 층의 수요가 예전만 못하다. 껌을 만드는 회사로서는 심각한 일이 아닐 수 없다. 일단 껌을 씹어줘야 그중에서 경쟁을 하든지 말든지 할 것 아닌가! 그래서 대체 왜 안 씹는지 그 이유를 따져보기로 했다.

'도대체 요즘에는 왜 껌을 안 씹을까?'

젊은이들의 의견이, 씹으면 껌이 금방 딱딱해지고, 턱이 피곤해지는 느낌이 불쾌해서 싫다는 것이다. 또 왠지 껌을 씹으면 턱에 근육이 생겨 얼굴의 V라인이 망가질 것 같다는 막연한 두려움이 있다는 것이다.

이로써 '아픔'은 파악 완료. 사람들이 갖고 있는 아픔이 무엇인지 잡아냈으니 해결해주면 끝이다.

롯데제과는 곧바로 새로운 껌 베이스를 개발했다. 어떤 베이스인가 하면, 1시간을 씹어도 찹쌀떡처럼 또 인절미처럼 몰랑몰랑한 부드러운 베이스다.

이것만 해도 사람들의 아픔은 기본적으로 치유가 된다.

그런데 롯데는 이쯤에서 멈추지 않고 플러스알파, 몇 가지 '기쁨'을 보탰다.

첫 번째 기쁨은 '향기' 다. 젊은이들이 좋아하는 4가지 향을 개발하여 신선하고 달콤한 각양각색의 향을 취향 따라 기분 따라 골라먹도록 했다.

두 번째, '기쁨의 정점'은 아름다운 패키지다. 기존의 직사각형 포장이 아니라, 명함 사이즈의 얇고 컬러풀한 박스 포장으로 팬시한 느낌을 십분 살렸다.

그뿐이 아니다. 세 번째로, 겉 뚜껑을 열면 껌들이 성냥개비처럼 나란히 누워 있는데, 그중 한 개를 쏙 뽑으면 속껍질이 반쯤 톡 뜯겨서 나온

롯데 피츠껌

다. 그럼 그냥 손댈 필요 없이 입속으로 직행한 후 나머지 포장을 쏙 잡아당기면 된다. 다른 사람에게 권할 때도 입속에 바로 넣어줄 수 있다. 위생적이고, 편리하고, 재미있다.

'딱딱한 껌'이라는 아픔을 극복한 데다, 향기, 아름다움, 재미라는 3가지 기쁨까지 보탠 이 껌은 대성공을 거둘 수밖에 없었다. 그렇다면 피츠 껌의 성공요인에서 우리는 무엇을 얻을 수 있을까? 이미 눈치 챘겠지만, 정리해보면 다음과 같다.

첫째, 보이지 않는 아픔을 들여다본다는 지극히 단순한 행동이 전대미문의 성공을 만든다. 다시 말하지만, 창조는 사람들의 아픔을 바라보는 것으로부터 출발한다.

둘째, 아픔을 보는 것만 해도 좋지만, 여기에 몇 가지 강력하고 재미있는 장치를 더하면 파괴력이 가일층 커진다. 피츠 껌은 향기를 보태고, 패키지로 아름다움을 보태고, 여기에다 독특한 재미까지 넣어줬다.

아픔을 보았고, 재미와 아름다움까지 넣어주니 파급력이 세질 수밖에 없다. 그래서 그런 놀라운 일이 일어난 것이다. 이 껌은 우리나라에도 출시되어 한 달 만에 자일리톨 껌의 왕좌를 위협하는 대표적인 성공작이 되었다.

세상 사람들의 선택을 받은 아이디어는, 아무리 사소한 것이라도 치열하게 세상을 관찰해서 아픔을 들여다본 결과물이다. 고객의 불만을, 남편과 아내의 한숨을, 아이들의 불평을 찾아봐야 내가 파고들 '창조'의 씨앗이 발견된다.

물론 아픔을 감지하는 수준에서 그친다면 우리는 많고 많은 불평꾼들의 운명을 벗어나지 못할 것이다. 자기 일의 운명을 바꾼 사람들은 크든 작든 뭔가 해법을 제시한다. "그래서, 뭐 어쩌라고?"라며 쉽게 포기하지 말고, 어떻게든 이 불편을 해소한다는 각오로 아픔을 치유하자. 그리고 기왕이면 거기에 기쁨이라는 보너스를 가미할 방법을 찾아내자.

기쁨을 더하는 방법은 생각보다 그리 멀리 있지 않다. 주변에 있는 다른 것과 결합함으로써 "이거 기발한데? 신선한데? 재미있는데? 웃긴데?"라고 느끼게 해주면 된다. 랑콤(Lancome)이 한 것도 바로 그것이었다.

사례 2 : 랑콤 '전동 마스카라'

랑콤에서 만든 전동 마스카라가 큰 히트를 쳤다. 당연한 얘기지만 난 한 번도 마스카라를 해본 적이 없다. 누가 마스카라 칠하는 걸 본 적도 없다. 그런데도 이 마스카라에는 눈길이 갈 수밖에 없었다. 마스카라면 마스카라지, 전동 마스카라란 또 뭐란 말인가! 연간 10만 개가 팔리면 대히트라는 일본 마스카라 시장에서 두 달 반 만에 무려 5만 개가 팔려 나갔다니, 보통 제품은 아님에 분명하다.

일단 상상해보았다. 여성들이 마스카라를 하는 건 눈에 포인트를 줘서 좀 더 생기 있고 섹시하게 보이기 위해서일 것이다. 하늘 높은 줄 모르고 치솟는 아찔한 컬링과 풍부한 볼륨, 그리고 속눈썹이 길어 보이는 효과까지, 이렇게 써놓기만 해도 마스카라의 임무가 얼마나 중차대한지 짐작이 간다.

한편으로는 추측건대 이게 만만치 않은 작업임을 알 수 있다. 왜냐, 욕심이 과해서 너무 바짝 칠하다 보면 눈두덩이나 속눈꺼풀에 닿는다. 속된 말로 '삑사리'가 나는 것이다. 그렇다고 그게 두려워서 소심하게 끝에만 자꾸 칠하면 이번에는 떡진다. 만일 어떤 부분이 떡지게 되면 일일이 다시 제거해주어야 한다.

이처럼 마스카라 작업은 결코 쉽지 않은 섬세한 작업이다. 삑사리의 아픔과 소심함의 고통이 있는 것임을 알 수 있다.

그런데 누군가가 그걸 본 것이다, 여성들의 말 못할 아픔을.

그리고 짬뽕을 한 것이다, 전동칫솔에 있는 모터를!

마스카라를 쉽고 빠르게 칠할 수 없다는 고통은 이제 '안녕'이다. 드르륵드르륵 1분 동안 7,000번이나 진동하며 솔이 닿기 어려운 부분까지 뭉침 없이 고르게 칠해진다는 소문이 나면서, 젊은 층은 물론 손동작이 무뎌지는 50대 여성들까지 전동 마스카라를 앞 다퉈 구매하기 시작했다고 한다. '전동'이라는 새로운 기쁨의 요소를 갖다 붙인 결과다.

사례 3 : 미쓰칸 '아라벤리 낫토'

지금 혹시 '몇 가지 사례를 갖다 꿰어 맞춘 것 아니냐'고 고개를 갸웃할지도 모르겠다. 하지만 그렇지 않다. 이것들에만 아픔의 축과 기쁨의 축이 있을까? 아니다. 이 세상의 모든 물건들은 다 같다. 자신의 운명을 바꾼 모든 위대한 것들은 다 아픔을 기쁨으로 반전시키고 승화시킨 섬세하고 따뜻한 노력의 결과물들이다.

그래도 여전히 미심쩍은 표정이라면, 한 가지 이야기를 더 들려드리겠다.

일본의 또 다른 히트상품 중에 아라벤리(あらっ便利) 낫토라는 게 있다. '아라벤리'는 우리말로 하면 '어머나 편리'다. 얼마나 편리했는지, 출시 6개월 만에 1억 7,000만 개가 팔려나갔다. 이쯤 되면 피할 수 없는 궁금증이 생긴다. '왜 이것만? 도대체 어떻게 했기에?'

미쓰칸의 아라벤리 낫토

종전의 낫토를 보면, 우리가 집에서 쉽게 끓여먹는 냉면의 액상수프 같은 것이 들어 있다. 그런데 이건 포장이 여간 쫀쫀한 게 아니어서 뜯기도 힘들고, 뜯다 보면 소스가 사방으로 튀거나 끈끈한 낫토가 손에 달라붙는 게 다반사다.

하지만 미쓰칸(Mizkan)이 만든 아라벤리 낫토는 다르다. 튀지 않는 젤리형 소스라서 간편하게 젓가락으로 낫토에 올려놓고 그냥 섞기만 하면 된다. 태생이 국물 형태가 아니어서 튈 염려도 없다. 여기에 신개념 패키지를 개발해서 힘들게 포장을 뜯을 필요도 없으니, 낫토를 즐겨 먹는 일본 사람들은 너무 좋은 것이다.

아라벤리 낫토의 강점은 그들의 광고에 잘 드러난다. 포장을 뜯고 양념과 섞는 과정이 10초 만에 완료되는 이 편리함! 낫토와 간장 어느 것 하나 손에 묻지 않는 이 깔끔함! 낫토를 사랑하는 일본인들의 아픔과 불편함이 '어머나 편리!'라는 이름 아래 훌륭히 치유된 것이다.

사례 4 : 현대자동차 '어슈어런스 프로그램'

너무 일본 얘기만 많이 한 감이 있다. 우리나라에는 아픔과 기쁨의 법칙이 적용된 사례가 없을까? 결코 그렇지 않다. 멀리 갈 것도 없이 현대자동차에 좋은 예가 있다. 현대자동차는 2008~09년 성과가 굉장히 좋다. 자동차의 본고장 미국에서 40% 이상의 판매신장세를 보이며 승승장구한 것이다.

알다시피 당시는 최악의 금융위기이자 경제위기가 닥쳐, 미국경제가 절단이 났다. 미국 소비자들이 아무도 차를 사려고 하지 않던 시절이다. 덜컥 차를 샀다가 다음날 회사에서 '짤리기라도' 하면 원리금 상환도 못할 판이라 두려워서 못 사는 것이다. 현대자동차가 그 아픔을 봤다. 그리고 누구도 외면하기 힘든 달콤한 제안을 했다.

이른바 '어슈어런스 프로그램(Assurance Program).'

우리말로 하면 '실직자 보상 프로그램' 정도 된다.

내용은 간단하다. 만약 차를 샀는데 회사에서 '짤리면' 현대가 다시 차를 사주는 것이다. 그것도 좋은 조건으로.

그러니, 자동차를 사고 싶은 사람들이 현대차를 샀겠는가, 다른 차를 샀겠는가.

우리가 아는 자동차 메이커들은 성능, 가격(할부조건), 디자인, A/S 등을 강점으로 내세운다. 하나같이 좋은 차를 좋은 가격대와 서비스로 모시겠다는 메시지 일색이다. 좋은 말이긴 하지만, 불경기에는 뭔가 2% 부족하다.

그런데 현대자동차는 어떻게 했는가? 이들은 '불안한 내일'에 대한 소비자의 걱정을 보았다. 차를 갖고 싶은 마음은 굴뚝같지만 언제 돈이 떨어져 신용불량자가 될지 알 수 없는 고객에게, '할부 이자 깎아줄게'라고 말하는 대신 '돈이 없으면 차로 갚으라'고 말함으로써 심리적 장벽을 허물어뜨렸다.

현대자동차가 본 것, 그것은 고객의 마음속에 내재한 '불안'이다. 그 불안함은 현대차만 볼 수 있었던 것일까? 물론 아니다. 마케팅의 '마'자만 아는 사람이라면 누구나 미국 사람들이 불안에 떤다는 걸 알았다. 현대자동차가 한 것은 그것을 외면하지 않고, 그 지점에서부터 생각을 시작한 것이다. 이 차이가 현대자동차의 행보를 남다르게 만들었다. 실제로 금융위기 당시, 다른 자동차 메이커는 다 장사가 안 됐는데 현대자동차만 매출이 확 뛰었다. 아픔을 하나 들여다보면 이처럼 놀라운 일이 일어난다.

'하이 페인 앤 조이(high pain & joy)'는

진심으로 고통을 이해하고, 파고들어가, 속 시원하고 즐거운 해결을 해내는 것이다.

내가 삼성경제연구소에서 'SERI CEO'라는 지식서비스를 만들 수 있었던 생각도 이와 다르지 않다. 2001년 당시 CEO였던 최우석 소장과 윤순봉 사장은 경영자들의 숙명적인 아픔을 이해하고 무엇인가 도움이 될 새로운 서비스의 필요성에 깊이 공감하였다. 그래서 나에게 모든 권한과 책임을 주고 새로운 서비스의 탄생을 지원했다. 아시는 것처럼 경영자들의 숙명적인 고민은 끊임없이 새로운 것을 창조해야 하는 아픔이다. 그런 면에서 내가 만난 경영자들은 한 명도 예외 없이 외로운 존재였다. 예전처럼 선진기업들을 따라 할 아이템이 많을 때는 그것을 배워 활용하기만 해도 어느 정도 유지가 됐지만, 지금은 그렇지 못하다. 한국기업들이 업그레이드의 귀재이다 보니, 모든 분야를 다 따라잡아 이제는 더 이상 따라 할 대상이 없다. 절대적으로 새로운 가치를 가진 무엇인가를 창조하지 않으면 그 자리에서 바로 주저앉을 수밖에 없다.

보고 베끼는 경영이 절대 불가능한 현실에서 경영자에게 주어진 유일한 선택지는 '오리진'이 되는 것이다. 남들의 모방이 불가능한 절대적 가치를 지닌 무언가를 창조해야 생존이 가능하다. 이것이 많은 이들이

말하는 '창조경영'의 본질이다.

이런 가혹한 환경에 놓인 경영자들의 절박함을 조금이라도 해소해드리기 위해 만든 것이 CEO를 위한 상상력 발전소, SERI CEO다. 경영자들에게 비즈니스와 리더십, 자기계발의 새로운 상상력을 제공한다는 모토 아래 고민을 해결하는 데 도움이 될 유익한 사례와 에피소드를 모으고, 그 안에 있는 인사이트를 끄집어내서 5분짜리 동영상에 담았다. 또 그들이 즐거워할 다양한 분야의 지식들을 '엑기스'만 뽑아서 재미있고 유익하게 만들었다.

또한 CEO들을 대상으로 경영 얘기만 가득 늘어놓으면 자칫 생각의 다양성이 부족하고 영감의 재료들이 풍성치 않을 것 같아 '인문학 세미나'를 추가했다. 아울러 저녁에는 문화예술을 공부하는 '컬처 클래스'를 열어 와인의 세상, 미술의 나라, 사진의 세계, 음악의 바다, 영화의 숲을 거닐게 했다. 또 자연 속에서 건강과 감성을 함께 피트니스하기 위해 경영자 등산클럽 '시애라(詩愛羅)'를 만들어 즐거운 시간을 함께했다. 연회비가 100만 원을 호가하는 SERI CEO의 회원이 1만 명을 넘은 것은, 그분들이 SERI CEO를 사랑했기 때문이고, 그들이 사랑해주었던 이유는 SERI CEO가 그들의 아픔을 들여다보았고 그들이 예상하지 못한 기쁨을 선사하려고 노력했기 때문이다.

자, 정리해보면, 우리 모두는 운명을 바꾸고 싶다. 그런데 그 방법이 결코 멀리 있는 게 아니다. 일상에서도 운명을 바꿀 기회는 너무나 많다. 따지고 보면, 우리 모두는 다 아픈 존재들 아닌가? 그러므로 내가, 또 우리가 겪고 있는 아픔이 뭔지 들여다보면, 또 사람들이 기뻐하고 즐거워하고 편리해할 일이 무엇인지 생각해보면 영감을 얻을 수 있다. 아픔과 기쁨의 세계로 들어가보면, 틀림없이 우리는 '오리진'이 되는 영감과 만날 수 있을 것이다. 하이 페인 앤 조이! 이제 우리는 자신의 역사를 바꿀 새로운 힌트를 얻었다.

대한민국은 놀라운 나라다. 겨우 50년 만에 완전 밑바닥에서 세계경제의 중심국으로 환골탈태한 세계사의 기린아 아닌가. 만약 우리의 젊은이들이 아픔을 보는 섬세함을 높이고, 기쁨을 창출하는 풍성한 재료를 충전한다면, 그들 모두가 창조 전사(戰士)로 다시 태어날 수 있을 것이다. 그러면 대한민국은 '강소국(强小國)'을 넘어, 세계 최고의 창조강국이 되지 않을까.

Insight Question

운명을 바꾸고 싶은가? 그렇다면….

• 나에게 지금 가장 소중한 사람들이 겪고 있는 고통은 무엇이라고 생각하는가?

외로움, 그리움, 슬픔, 아픔, 번거로움, 불편함, 기다림, 지루함, 평범함, 밋밋함….

• 내가 가보고, 놀아보고, 특별히 가지고 있는 '가치 있는 기쁨의 재료'에는 어떤 것이 있는가?

음악, 미술, 사진, 나무, 동물, 컬러, 향기….

• 그리고 찾아보자. 무엇을 선사하면 그들이 기뻐할 것인지.

Inspiration Box

아픔과 기쁨의 세계, 인문학

CEO들에게 새로운 영감을 드리기 위해 고민 끝에 SERI CEO에서 인문학 공부를 시작했다. 쉽고 재미있고 유익한 시간이 되려면 특별한 선생님이 필요했다. 그래서 만나게 된 사람이 중앙일보의 정진홍 논설위원이다.

정진홍 위원은 참 대단한 사람이다. 첫째, 그는 통찰의 명수다. 탁월한 감각으로 어떤 분야를 파고들 것인지를 찾아내고, 어떤 분야든 한번 집중하면 그 속의 값진 보물들을 캐내는 최고의 '컨텐츠 레이더스(contents raiders)'다.
둘째, 그는 발견의 명수다. 자신이 캐낸 것들을 재해석하고 그 속에 있는 새로운 가치를 찾아내는 '컨텐츠 크리에이터(contents creator)'다. 끝으로, 그는 소통의 명수다. 감각적인 편집력과 구성력 그리고 전달력으로 숨을 못 쉬게 만들어버리는 '컨텐츠 연주가(contents musician)'다. 그와 함께 인문학 공부를 하면서 무척이나 다양한 주제를 다루었는데, 그러면서도 그 분야의 핵심지식들을 놓치지 않고 음미할 수 있었던 것은 모두 정진홍 위원의 특별한 노력 덕분이었다고 생각한다.

인문학의 세계는 늘 우리에게 많은 것을 선사하지만, 그중에서도 특별한 가치가 무엇이냐고 나에게 묻는다면 나는 외람되지만 서슴없이 이렇게 대답할 것이다.

"인문학이 중요한 이유는 '아픔과 기쁨'에 대한 섬세함을 높여준다는 데 있다."

인문학은 우리가 무심히 보아왔던 것들 속에서 아픔과 기쁨을 찾아내고, 나아가 위로와 치유의 실마리를 제공해준다.

정진홍 위원과 함께 진행하고 있는 SERI CEO의 '메디치21' 포럼. 이 포럼의 세미나 목록이 인문학에 관심 있는 분들에게도 좋은 커리큘럼 자료가 될 듯하여, 2005~09년에 걸쳐 다룬 주제도서 중 '오리진'의 영감을 얻는 데 특히 도움이 될 것 같은 내용들을 소개한다. 일반적으로 정의하는 '인문학'의 범주에 묶이지 않는 주제들도 있지만, 비즈니스를 넘어 세상을 보는 보다 넓은 시야를 제공한다는 취지로 이해해주시기 바란다.

- 《스트라디바리우스》(토비 페이버 | 생각의나무 | 2005)
- 《체인징 마인드》(하워드 가드너 | 재인 | 2005)
- 《감각의 박물학》(다이앤 애커먼 | 작가정신 | 2004)
- 《유혹의 기술》(로버트 그린 | 이마고 | 2002)
- 《영혼을 지휘하는 리더십》(에드거 퍼이어 | 책세상 | 2005)
- 《레오나르도 다 빈치의 수첩》(레오나르도 다 빈치 | 지식여행 | 2005)
- 《드림 소사이어티》(롤프 옌센 | 리드리드출판 | 2005)
- 《문화가 중요하다》(새뮤얼 헌팅턴 외 | 김영사 | 2001)
- 《셀프헬프 클래식》(새뮤얼 스마일즈 | 21세기북스 | 2006)
- 《부의 미래》(앨빈 토플러 | 청림출판 | 2006)
- 《창의성의 즐거움》(미하이 칙센트미하이 | 북로드 | 2003)
- 《SQ 사회지능》(대니얼 골먼 | 웅진지식하우스 | 2006)
- 《전쟁의 기술》(로버트 그린 | 웅진지식하우스 | 2007)
- 《세계적 인물은 어떻게 키워지는가》(빅터 고어츨 외 | 뜨인돌 | 2006)
- 《생각의 탄생》
  (로버트 루트번스타인 · 미셸 루트번스타인 | 에코의 서재 | 2007)
- 《권력의 법칙》(로버트 그린 · 주스트 엘퍼스 | 까치 | 2007)
- 《대국굴기》(왕지아펑 외 | 크레듀 | 2007)
- 《실패의 향연》(크리스티아네 취른트 | 들녘 | 2007)
- 《위대한 결정》(앨런 액셀로드 | 북스코프 | 2007)

- 《새로운 미래가 온다》(다니엘 핑크 | 한국경제신문 | 2007)
- 《반경(反經)》(조유 | 동아일보사 | 2007)
- 《호모 루덴스》(J. 호이징하 | 까치 | 1998)
- 《파워 오브 아트》(사이먼 샤마 | 아트북스 | 2008)
- 《고흐 37년의 고독》(노무라 아쓰시 | 큰결 | 2004)
- 《다윈 이후》(스티븐 제이 굴드 | 사이언스북스 | 2009)
- 《그 순간 역사가 움직였다》(에드윈 무어 | 미래인 | 2009)
- 《안동림의 불멸의 지휘자》(안동림 | 웅진지식하우스 | 2009)
- 《한 권으로 읽는 셰익스피어 4대 비극·5대 희극》(셰익스피어 연구회 역 | 아름다운날 | 2007)
- 《난세를 평정하는 중국통치학》(리쭝우 | 효형출판 | 2003)
- 《알기 쉽게 풀어 쓴 훈민정음》(국립국어원 편 | 생각의나무 | 2008)

Inspiration Box

기쁨 주고 사랑받는다!
광고에서의 하이 페인 앤 조이

'하이 페인 앤 조이'를 가장 기발하고 영리하게 구현하는 동네는 바로 광고다. 불편함을 달래주고 즐거움을 주면서 '그러니 이 물건을 사라'고 우리를 꼬드긴다. 자, 다음 광고가 무슨 제품 광고인지 맞혀보시기 바란다. 장담하건대 제품을 알게 되는 순간 웃음이 '빵' 터지거나, '아하!' 하는 감탄사가 터질 것이다.

답과 해설

1. 구두약 광고. 번쩍번쩍 하도 광이 나서 범인이 오는지 안 오는지 거울처럼 볼 수 있다는 뜻.

2. 푸시업(push-up) 브라 광고. 자기네 제품을 쓰면 저렇게 멀리 떨어져 설 수밖에 없다는 의미.

3. 은행강도가 선택한 (질긴!) 스타킹.

4. 동물원 광고. 수십 달러짜리 동물인형을 사느니, 7달러 내고 살아 있는 동물을 보라는 뜻이다.

5. 아기 이유식을 먹이느라 저 고생이다. 남자의 표정이 말하는 메시지는 '무자식 상팔자!' 그렇다. 콘돔 광고다.

어떤가. 재미있었는가?

이처럼 상대방을 즐겁게 해주는 상상력이 들어가면 재미있고 유쾌하다. 누구라도 내 편이 될 수 있다. 그뿐인가. 동네방네 다니면서 입소문도 내줄 것이다. 왜? 재미있으니까!

High Time & Place

3

창조의 목적지,
새로운 시공간을 선사하라

From remarkable to ORIGIN

여름밤

이준관

여름밤은 아름답구나.
여름밤은 뜬눈으로 지새우자.
아들아, 내가 이야기를 하마.
무릎 사이에 얼굴을 꼭 끼고 가까이 오라.
하늘의 저 많은 별들이
우리들을 그냥 잠들도록 놓아주지 않는구나.
나뭇잎에 진 한낮의 태양이
회중전등을 켜고 우리들의 추억을
깜짝깜짝 깨워놓는구나.
아들아, 세상에 대하여 궁금한 것이 많은
너는 밤새 물어라.
저 별들이 아름다운 대답이 되어줄 것이다.
아들아, 가까이 오라.
네 열 손가락에 달을 달아주마.
달이 시들면
손가락을 펴서 하늘가에 달을 뿌려라.
여름밤은 아름답구나.
짧은 여름밤이 다 가기 전에 (그래, 아름다운 것은 짧은 법!)
뜬눈으로
눈이 빨개지도록 아름다움을 보자.

운명을 바꾸려면 진심과 애절함을 가지고 상대를 사랑해야 한다. 그러한 사랑의 마음이 있을 때 우리는 비로소 상대의 아픔을 들여다볼 수 있으며, 또한 상대를 기쁘게 할 수 있는 것들을 상상하게 된다.

사람들의 아픔을 위로하고 기쁨을 선사하려면 어떻게 해야 할까? 그 마음도 중요하지만, 남다른 방법도 필요하다.

가장 좋은 방법은 그들을 놀라게 하는 것이다. 그들을 놀라게 하려면 그들이 예상하지 못한 시도를 해야 하지 않을까? 이것을 위해서는 '창조적인 플레이'를 이해할 필요가 있을 것 같다.

창조적인 플레이의 기본조건

'창조적인 플레이' 하면 나는 히딩크(Guus Hiddink)가 생각난다. 온 국민을 행복하게 해주었던 히딩크는 축구뿐 아니라 맛있는 어록으로도 우리를 기쁘게 해주었다. 내가 좋아하는 말은 "생각하는 축구, 창조적인 플레이"다. 스포츠 감독이 창조를 마구 들먹거리는 것을 보고, 나는 충격을 받기도 했다. 골만 넣으면 되는 축구가 무슨 창조냐 싶어서 솔직히 처음엔 생뚱맞게 느껴졌던 것이다. 그런데 히딩크가 떠난 한국축구는 오랫동안 방황했다. 반면 히딩크는 가는 곳마다 좋은 성과를 내는 것을 보면, 아마도 그는 창조적인 플레이가 무엇인지를 아는 것 같다.

그렇다면 축구를 하든 기업경영을 하든, 도시경영을 하든, 심지어 대통령이 되어 국가경영을 하든, 창조적인 플레이를 하려면 어떻게 해야 할까?

궁금증이 일어서 히딩크 어록을 다 뒤졌다. 그랬더니 아주 놀랍고도 훌륭한 답을 찾아낼 수 있었다. 2002년, 이미 8년 전에 그는 우리에게 나름대로의 답을 던져주고 갔던 것이다.

창조적인 플레이의 첫 번째 조건 : 체력과 정신력이 좋아야 한다

체력은 무슨 말인지 다 알 터이니 굳이 설명하지 않겠다.

그럼 정신력은 무엇일까? 경기도 화성의 표어에 힌트가 있다.

'지구보다 큰 생각, 화성시'

고속도로에서 이 광고를 처음 보자마자 나는 곧장 사무실에 전화를 했다. "지구가 크냐, 화성이 크냐?"

이것은 무슨 뜻인가? 화성시의 생각은 이렇다. 비록 화성시는 지구 안에, 대한민국 안에, 경기도 안에 있는 손톱만 한 곳에 불과하지만, 땅덩어리가 작다고 생각의 크기마저 작을소냐?

비록 땅의 크기는 손톱만 할지라도, 생각만큼은 그 이름처럼 지구보다 크게 하겠다는 생각의 배수진!

이것이 우리에게 필요한 정신력이다.

'내가 비록 나이어린 신입사원이고, 우리 회사가 비록 중소기업이지만, 위대한 상상력 하나로 언젠가 세상을 바꿀 수 있다!' 이런 생각을 한다면, 그 조직은 정신력이 강력한 조직이다. 신념이 있는 조직이다.

반면 그게 아니라 '아무도 안 해본 걸 어떻게 하나?' 이러고 있으면 그 조직의 정신력은… 굳이 말하지 않겠다.

창조적인 플레이의 두 번째 조건 : 멀티플레이를 해야 한다

축구에서 멀티플레이를 하려면 공격수가 수비도 하고, 미드필더가 때로는 스트라이커도 되는 등 한 가지 포지션의 역할만 하는 것이 아니라 여러 분야의 전문성을 가져야 한다. 멀티플레이어가 되려면 여러 포지션에 능통하도록 평소에 훈련해야 함은 당연하다. 이와 마찬가지로, 우리도 운명을 바꾸려면 멀티플레이어가 되어야 한다.

나에게 필요한 멀티플레이 능력은 어떤 것들일까? 결론부터 말하자면 그것은 다양한 지식과 경험이다. 즉 창조적인 제품 또는 서비스를 만들어내려면 비즈니스뿐 아니라 역사, 철학, 문학, 심리 등 인문학을 이해할 필요가 있다. 또 노래, 연주, 그림, 조각, 춤, 대중예술, 와인, 조경, 스포츠 등 다양한 문화, 예술, 과학에 대한 지식과 경험이 있어야 한다. 그래야 적재적소에 꺼내 쓰고, 필요하면 뒤섞을 수 있다.

그러려면 '생각의 재료'들이 풍부해야 함은 당연한 일.

내가 섹시한 생각을 할 수 있는지 없는지는 내가 가지고 있는 생각의 재료가 무엇인가에 따라 좌우된다.

그렇다면 생각의 재료들은 어떻게 가질 수 있는가? 내가 그 세계에 가봐야 한다.

볼링의 세계, 승마의 세계, 체조의 세계, 동물의 세계에, 책을 통해 가보든 직접 발로 뛰어 가보든 다큐멘터리 영상을 통해 가보든, 어떻게든 가봐야 한다. 그 경험과 지식을 내 것으로 만들었을 때, 비로소 나에게는 생각의 재료가 겨우 한 가지 추가된 것이다. 그렇다고 지레 실망할 필요는 없다. 새로운 생각의 재료 한 가지만 추가되어도 뭔가 남다른 것이 나올 수 있으므로.

핵심조건 :
예상을 뛰어넘는 새로운 시간과 공간 만들기

체력과 정신력, 멀티플레이 능력. 이것만으로 충분할까? 아니, 이것은 '기본기'에 가깝다. 창조적인 플레이의 핵심조건은 따로 있다.

그것은 바로 '새로운 시간과 공간의 창출'이다.

새로운 시간과 공간. 예를 들어 축구에서 시간과 공간을 활용하는 것이 정확히 뭘까? 프리미어리그 등 정상급 프로리그를 보면 단박에 감(感)이 온다. 세계를 주름잡는 스타플레이어들은 수비수가 많은데도 골을 잘 넣는다. 그 이유는 무엇일까?

골을 잘 넣는 데는 두 가지 이유가 있다.

하나는, 상대가 예측하지 못한 공간으로 이동하는 것이다. 누구에게나 똑같은 축구경기장 안의 공간이지만, 상대가 예측 못한 공간은 새로운 공간이 된다. 훌륭한 선수는 끊임없이 새로운 공간을 창출해낸다.

"저 각(角)에서 어떻게 골이 나오냐?", "어? 저 선수 언제 저기까지 뛰어갔냐?" 이런 감탄사가 나올 때, 그 공간은 새로운 가치공간이 된다. 상대가 예측하지 못했다는 점에서 새로운 공간은 '블루오션(blue ocean)'이라는 개념과 같다.

또 하나는, 상대가 예측하지 못한 시간에 패스했을 때 골이 나온다. 잘나가는 스트라이커들은 남들보다 반 박자 빨리 움직인다. 새로운 시간을 만들어내는 것이다. 상대가 미처 생각하지 못한 시간에 움직이고, 패스를 하고, 슛을 쏜다. 그래서 예측하지 못한 시간은 곧 '새로운 시간'인 것이다. 진정한 블루오션은 새로운 공간뿐 아니라 새로운 시간을 선사하는 것이기도 하다.

결국 골이 터지는 것은 어느 경우에도 예외가 없다. 상대가 예측하지 못한 시간과 공간을 만들어냈기 때문에 가능한 것이다. 정말 그러한지 궁금하다면, 이제부터 축구경기를 관람할 때는 골의 이동만 보지 말고, '시간과 공간'이란 키워드를 갖고 보시라. 그러면 누가 훌륭한 선수인지를 알게 될 것이다.

히딩크는 이야기한다.
"훌륭한 축구선수는 결코 공을 잘 차는 선수가 아니다. 훌륭한 축구선수는 그라운드에서 끊임없이 상대가 예측하지 못한 새로운 시간과 공간을 창출해내는 창조자들이다."

우리에게 익숙한 개념인 시간과 공간이 이제 조금은 새롭게 느껴졌으리라 생각한다. 시간과 공간에 대해 우리가 잘 아는 것 같지만, 사실은 그렇지 않다.

그러니 한 단계 높은 '하이타임(high time)', '하이플레이스(high place)'는 더더욱 생뚱맞을 것이다.

이에 대해 조금 자세히 살펴볼 필요가 있다.

사례 1 : 프리미어리그가 만들어낸 새로운 시간과 공간

영국은 축구 종주국이지만, 1990년까지 강력한 프로리그가 없어서 독일의 분데스리가, 이탈리아의 세리에A, 스페인의 프리메라리가에 밀려 축구의 주변국 신세가 되고 말았다. 1991년, 영국은 종주국의 영광을 되찾기 위해 새로운 리그를 출범시킨다. 이것이 프리미어리그이고, 그들의 전략은 적중하여 이제 프리미어리그에 세계가 열광한다. 세계인들에게 가장 흥분되고, 짜릿짜릿한 시간과 공간을 제공하는 데 성공한 것이다. 도대체 그들은 무슨 일을 어떻게 했던 것일까?

첫째, 모든 것을 개방했다.

현재 프리미어리그는 20개 구단 가운데 3분의 1이 외국인 구단주다. 감독은 50%, 선수는 60%가 외국인이다. 대표적인 명문팀 첼시는 개막전 출전 선수 전원을 외국인 선수로 내보낸 적도 있다. 그들도 자국 선수들을 보호하기 위해 얼마든지 외국인 방어장치를 만들 수 있었지만, 그렇게 하지 않았다.

둘째, 엄격하게 평가했다.

영국 프리미어리그는 20개 팀으로 운영되며, 2부 리그인 챔피언십리그는 24개 팀으로 운영된다. 그런데 1, 2부의 넘나듦이 매우 심하다. 매 시즌이 끝나면 1부의 하위 3팀이 2부로 강등되고, 반대로 2부의 1, 2위 팀은 1부 리그로 자동 승격된다. 1부 리그의 남은 한 자리는 2부 3~6위 팀의 플레이오프 승자가 차지한다. 간단히 말해 매 시즌마다 3개 팀이 리그를 오르내린다고 생각하면 된다. 1부에서 2부로 강등당하는 건 연봉이나 명예 면에서 지옥으로 떨어지는 것과도 같다. 이 엄청난 변화가, 매년 우리 앞에 일어난다. 다른 유럽국가의 리그들도 상황은 비슷하다. 떨어지면 안 된다는 절체절명의 목표가 있기 때문에 유럽 축구선수들은 어떤 경쟁에도 몸을 사리지 않는다.

영국 축구의 선택은 분명했다. 그들이 운명을 바꾸기 위해 시도했던 승부수는 너무나 창조적인 작전이었다. 그들은 자국 선수들의 불이익도 감수했고, 치열하고 비정한 경쟁과 평가도 받아들였다. 그 이유는 오직 하나, 세계 최고의 구단과 감독과 선수들을 불러 모아서 세계 최고의 시간과 공간을 선사하겠다는 신념과 철학이 있었기 때문이다. 그래서 그들은 최고의 공간과 시간을 만드는 데 필요한 조건을 스스로 찾아내고, 시스템에 반영하였다. 이제 그렇게 번 돈으로 영국 축구는 나날이 발전하고 있다.

결국 우리가 만드는 모든 것은 새로운 공간과 시간이다.

하이타임, 하이플레이스는 거기에 특별한 신념과 철학을 더해야 만들어진다. 또 때로는 고통과 손해를 감수할 용기가 있어야 만들 수 있다.

우리도 '오리진'이 되어 운명을 바꾸려면 프리미어리거처럼 해야 한다. 고통과 손해를 감수하면서까지 사람들에게 그들이 예측하지 못한 새로운 공간과 새로운 시간을 주려고 노력할 때, 비로소 오리진의 단초가 나온다.

사례 2 : 외식업을 통해 바라본 새로운 시간과 공간

이제 경영으로 돌아와 생각해보자. 예전에 내가 우리나라 식당 랭킹 1등부터 1,000등까지 하는 사장님들을 대상으로 강연을 한 적이 있다. 그래서 세계에 있는 이 식당 저 식당을 시공간의 관점에서 한번 살펴봤다. 그때 종업원 수가 많지 않은 외식업에서 놀랍고도 희한한 컨셉을 정말 많이 만들어 쓴다는 사실을 알게 되었다.

일례로 벨기에에 '세계 10대 특이한 레스토랑' 에 선정된 식당이 있다. 지상 25m 상공에 크레인과 와이어에 의지해 대롱대롱 매달린 공중 레스토랑이다. 밥만 먹으면 심심하니 반주를 해주려고 그랜드피아노도 갖고 올라간다. 입장 정원은 단 22명. 한 끼 식사비로 약 770만 원을 내야 하는 초고가 식당이지만, 1년 예약이 다 찰 정도로 문전성시를 이룬다.

그 높이에서 즐기는 성찬을 맛보기 위해 화장실도 없는 이 식당을 찾는 것이다.

이 식당은 공간 자체가 새롭다. 하늘! 컨셉도 이렇다. ‘디너 인더 스카이(Dinner in the Sky).’

그럼 물리적으로 새로운 공간만 있을까? 아니다. 최근 많이 생기고 있는 ‘동물원 카페’를 보라. 그곳에는 도마뱀, 뱀, 전갈, 날다람쥐 등등이 가득하다. 동물을 징그러워하는 사람은 굳이 가볼 필요 없지만, 동물을 좋아하는 사람에게는 ‘강추’다. 너무 즐겁다. 원숭이 똥구멍이 정말 빨간지, 털의 질감은 어떤 느낌인지 만져볼 수도 있다.

이것은 ‘컨셉의 공간’이다.

물리적으로는 새롭지 않지만, 컨셉 면에서 새롭다. 이처럼 세상에는 물리적으로 새로운 공간만 있는 것이 아니라 컨셉 면에서 새로운 공간도 있는 것이다. 동물원 식당, 식물원 식당, 해저 식당, 동굴 식당, 정글 식당, 병원 식당, 암흑 식당, 축구 식당 등….

새로운 공간의 개념이 중요한 이유는, 이 공간들이 우리에게 새로운 시간을 선사해주기 때문이다.

예를 들어 일본에 있는 ‘낚시터 식당’을 보자. 도심 한가운데 있는 이 집은 홀 중앙의 수족관에 물고기를 풀어놓고 손님이 직접 낚시를 해서

잡은 물고기를 요리해준다. 이곳은 일단 공간 면에서 새롭다. 도심 낚시터라는, 다른 데서는 상상하기 힘든 공간이다. 그런데 이 식당은 새로운 '시간'도 주고 있다. 어떤 시간들일까?

전문 낚시꾼들의 전유물이었던 이른바 '손맛'을 맛볼 수 있는 손맛 타임! '선수'가 아니면 맛볼 수 없는, 이른 새벽에 낚시터에 가지 않으면 맛볼 수 없는 짜릿한 손맛 타임을 우리 같은 일반인들도 맛보게 해준다.

또한 이곳에 친구 넷이서 식사를 하러 가면 게임이 시작된다. 가장 늦게 잡은 사람이 음식값 뒤집어쓰기로. 이것은 말하자면 '게임 타임'이다.

또 가족들이 함께 가면 더욱 즐겁고 행복한 '엔터테인먼트의 시간'을 즐길 수 있다. 이처럼 이 식당은 밥만 주는 것이 아니라, 예상하지 못한 즐겁고 유쾌한 '시간'을 준다.

왜, 밥집이 밥이나 하지 시간까지 신경 써주나?

답은 단 한 가지다. 모든 분야가 고도화되어서 평범한 방법으로는 더 이상 먹고살기 힘들어졌기 때문이다. 이제 남에게는 없는, 다른 사람은 결코 주지 못하는 새로운 것을 주지 않으면 안 되기 때문이다. 우리도 예외는 아니다. 만약 누구라도 '하이타임'을 주는 '하이플레이스'가 어떤 것인지 그 의미를 모르고 있다면, 그의 미래는 불투명하다고 해도 결코 지나친 말이 아니라고 생각한다.

참고로 응용할 만한 아이디어를 한 가지 알려드리면… 이 낚시터 컨셉은 모든 장소에 갖다 붙여도 좋다. 틀림없이 투자비용 이상의 화제성과 기업 이미지 상승효과를 얻지 않을까 생각한다. 첫 번째 이유는 예상을 뛰어넘는 짓이기 때문이고, 두 번째 이유는 낚시가 대단히 재미있고 매력적인 활동이기 때문이다.

가령 우리 회사에 낚시 식당을 갖다 붙이는 것이다.

회사 입구에 어선 장식이 있고, 회사를 찾아온 모든 방문객들은 물고기를 한 마리 낚아야 출입이 허가된다.

웃기지 않을까, 재미있지 않을까?

음… 너무 진도를 나가버린 것은 인정한다.

하지만 사람들이 이 바쁜 시간에 왜 낚시질을 시키느냐고 묻는다면, 우리는 이미 답할 준비가 다 돼 있다.

"우리는 사람들에게 '새로운 시간'을 주기 위해 꿈꾸고 실천합니다, 어쩌고저쩌고~"

약간 닭살스럽긴 해도 이렇게 우리 조직이 갖고 있는 '낚시 철학'과 '비즈니스 철학'을 설파한다면, 사람들은 이렇게 느끼지 않을까?

'아, 이 회사는 뭔가 인생에서 중요한 것을 낚을 수 있게 해주는 곳이겠구나.'

시간이 바뀌면 미래가 바뀐다

시간도 공간과 마찬가지로 '컨셉의 시간'이 있다. 즐겁고 재미있는 시간뿐 아니라 위로의 시간, 격려의 시간, 휴식의 시간, 성찰의 시간, 영감의 시간, 봉사의 시간, 배움의 시간, 체험의 시간, 창조의 시간, 또 때로는 감정의 바닥을 치는 시간, 고독의 시간이 우리에게 유용한 성찰을 줄 수 있다. 고독을 통해 자신을 돌아보고 성장해나갈 수 있기 때문이다. 시간은 우리의 생각만큼 다양한 가치를 지니기에, 시간은 그 자체가 귀하고 창조적이다.

Changing Place
Changing Time
Changing Thoughts
Changing Future

지난 해, 베니스에 있는 구겐하임 미술관에 갔을 때 보았던 글귀다. 이 짧은 단어의 조합에는 왜 우리가 새로운 시간과 공간을 추구해야 하는지가 고스란히 드러나 있다. 장소를 바꾸면 새로운 시간을 선사할 수 있고, 사람들에게 새로운 시간을 선사하면 그들의 생각을 바꿀 수 있다. 그들의 생각이 바뀌면? 미래를 바꿀 수 있다.

이것이 창조가 아니고 무엇이겠는가?

그러니, 나만이 줄 수 있는 새로운 시간과 공간을 찾아서 사람들에게 선사하자. 그것이 바로 창조적인 플레이를 만들고, 우리를 '오리진'으로 거듭나게 한다.

Insight Question

운명을 바꾸고 싶은가? 그렇다면….

- 나에게 가장 소중한 사람들이 흥미로워할 새로운 공간은 어떤 공간인가?

- 내가 가장 선사하고 싶은 새로운 시간은 어떤 시간인가?

위로, 격려, 휴식, 성찰, 영감, 배움, 체험의 시간….

- 그리고 찾아보자. 새로운 공간과 새로운 시간을 위해 내가 할 일들을….

Inspiration Box

당신은 퓨처마킹을 하고 있는가?

"이제 벤치마킹의 시대는 끝났다. '퓨처마킹'의 시대가 왔다!"
– 톰 피터스

2006년 9월 방한했던 세계적인 경영 구루(guru) 톰 피터스(Tom Peters)는 '퓨처마킹(future marking)'이라는 조금은 낯설지만 중요해 보이는 단어 하나를 우리에게 던져주고 갔다. 퓨처마킹이란 무슨 뜻일까? 모든 것이 너무나 고도화된 결과, 지난 50년 동안 잘 굴러갔던 제품과 서비스, 그리고 그것을 만들었던 성공방식들은 더 이상 유효하지 않은 시대가 왔기에, 이제는 최고를 베끼던 '따라 하기' 방식을 버리고 '오리진'이 되어 미래에도 통할 '놀라움(wow)'을 스스로 만들어야 한다는 것이다.

이 길고 어려운 해석을 더욱 알기 쉽고 단순하게 줄여본다면 이렇게 말할 수 있을 것이다. '2010년을 살아가면서 2020년 사람들의 생각을 해내는 것.' 이것이 바로 퓨처마킹이다.

2년 후, 3년 후도 아닌 10년 후를 살아갈 사람들이 좋아할 일, 매력을 느낄 일, 놀라움과 감동을 일으킬 일들을 생각해낸다는 것이 과연 가능할까? 그것은 우리가 미래를 어떤 것으로 생각하고 있느냐에 따라 가능할 수도 있고, 그렇지 않을 수도 있다고 생각한다. 가령 미래란 저 멀리 떨어져 있는 외딴섬이라고 생각한다면, 우리는 그 섬에 갈 수 없다. 하지만 미래란 결국 현재가 진화하고 고도화되어 만들어지는 결과물이라고 생각한다면, 우리는 현재 속에서도 얼마든지 미래를 바라볼 수 있다. 현재 속에 살아 숨 쉬고 있는 미래의 키워드를 가지고 있으면 가능하다는 것이다. 참고로 내가 생각하는 몇 가지 키워드는 다음과 같다.

첫째는, 아름다움이다(beauty marking). 적당히 아름다운 것은 2~3년밖에 못 가지만, 엄청나게 아름다우면 100년 후에도 통하는 명품이 될 수 있다. 그러니 아름다움이 최고의 가치임을 인식하고, 모든 의사결정의 중심에 최고의 아름다움을 두자.

둘째는, 하트 터치다(heart marking). 감동을 만들면 미래와 만날 수 있다. 왜냐하면, 사람들은 감동에 약한 존재이니까. 물론 감동은 그냥 나오지 않는다. 놀라움을 집어넣거나 역발상, 이종결합을 해야 나온다.

셋째는, 욕망과 판타지다(fantasy marking). 엄청난 즐거움, 시간을 뛰어넘는 젊음과 건강 등, 욕망이란 사람의 숫자만큼이나 다양하며, 끝없이 진화한다. 이처럼 다양한 욕망을 충족시키는 판타지를 만들면 그것이 곧 미래와 만나는 것이다.

뷰티 마킹, 하트 마킹, 판타지 마킹… 이것은 모두 내가 생각하는 퓨처마킹의 키워드다. 이것 말고도 당신의 머릿속에 떠오른 키워드는 따로 많이 있으리라 생각한다. 머릿속에 떠오른 영감과 신념으로, 자신만의 퓨처마킹 키워드를 만들어보기 바란다.

High Mix

4

뒤집고 섞어야
새로운 세상이 열린다

From remarkable to ORIGIN

추일서정(秋日抒情)

김광균

낙엽은 폴란드 망명 정부의 지폐
포화(砲火)에 이지러진
도룬 시의 가을 하늘을 생각케 한다.

길은 한 줄기 구겨진 넥타이처럼 풀어져
일광(日光)의 폭포 속으로 사라지고
조그만 담배 연기를 내뿜으며
새로 두 시의 급행열차가 들을 달린다.

포플라 나무의 근골(筋骨) 사이로
공장의 지붕은 흰 이빨을 드러내인 채
한 가닥 구부러진 철책(鐵柵)이 바람에 나부끼고
그 위에 셀로판지로 만든 구름이 하나.

자욱한 풀벌레 소리 발길로 차며
호올로 황량(荒凉)한 생각 버릴 곳 없어
허공에 띄우는 돌팔매 하나.
기울어진 풍경의 장막(帳幕) 저쪽에
고독한 반원(半圓)을 긋고 잠기어 간다.

High Mix

"창의력이란 여러 가지를 연결하는 능력이다."
– 스티브 잡스

지금까지 우리는 사랑의 마음으로 아픔을 이해하고 기쁨을 보태려면 결국 창조적인 플레이를 통해 새로운 시간과 공간을 만들어내야 한다는 것을 알았다. 그렇다면 새로운 시간과 공간은 어떻게 만들어야 할까? 이 질문은 우리가 창조해야 하는 것이 무엇이고, 어떻게 해야 만날 수 있는지에 관한 것이기 때문에, 대단히 중요한 대목이라 하지 않을 수 없다. 과연 새로운 것이란 무엇이고, 어떤 것이고, 어떻게 만드는 것일까?

아오모리 메시지

1991년, 일본의 아오모리 현. 일본 최대의 사과 생산지이기도 한 이곳에 엄청난 태풍이 몰아쳐서 마을 전체가 쑥대밭이 됐다. 당시 피해가 얼마나 막심했는가 하면 낼모레 수확을 앞둔 사과의 90%가 소실될 정도였다. 마을사람들은 망연자실한 얼굴로 하늘을 보며 '망했다'고 한탄만 할 뿐, 아무도 손을 써볼 엄두를 내지 못했다.

그런데 어떤 농민 한 사람은 비교적 차분했다. "괜찮아."

'뭐가 괜찮다는 거냐?'는 시선으로 바라보는 사람들에게, 그 농민이 이렇게 말했다.

"우리에겐 아직 떨어지지 않은 10%의 사과가 있잖아."

"그걸로 어쩌려고?"

"우리가 말이야, 만약 이 떨어지지 않은 사과를 '떨어지지 않는' 사과로 만들어서 팔면 어떨까? 예를 들면… 수험생 같은 사람들에게 시험에서 떨어지지 않게 해주는 '합격사과'를 만들어 팔면 말이야."

무엇이라도 부여잡아야 했던 마을주민들은 그의 제안을 받아들였다. (아이디어도 좋았지만, 그것을 받아들인 마을사람들도 대단하다고 생각한다.) 원래 사과는 박스 단위 포장이 무림의 법칙이다. 어느 나라를 가나 사과는 박스로 포장하는데, 아오모리 사람들은 살아남은 사과가 얼마 안 되니까 한 개씩 낱개로 포장했다. 그러고는 모자라는 것은 재미있고 감성적인 문장으로 채웠다.

'초속 40m의 초(超)초(超)강력 태풍에도 떨어지지 않았던 바로 그 사과!

내 인생에 어떤 시련이 몰아친다 해도 나를 떨어지지 않게 해줄 그

사과, 합격사과.'

이걸 본 사람들의 반응이 어땠을까? 첫 반응은 물론 '뭐야, 이건?' 하는 황당함이다. 그러나 그와 동시에,

'재미있는데?' 그리고 왠지 이 사과를 하나 선물하면 행운이 올지도 모른다는 생각을 한다.

더욱 놀랍고 재미있는 것은 이 사과의 가격정책이다. 원래 사과가 한 개에 1,000원이라면, 이 합격사과는 무려 10배나 비싼 1만 원으로 책정했던 것이다. 그런데 다 팔렸다. 결국 합격사과는 태풍으로 생긴 90%의 손실까지 만회하며 그 해 일본의 대표적인 입소문 히트상품으로 자리매김했다.

여기까지는 이미 다 알려진 얘기다. 중요한 건 지금부터다. 자, 과연 이 사람들이 한 일이 무엇이었기에 이렇게 운명을 바꿀 수 있었을까? 만약 이들이 시련의 고통을 추스르고 낙과(落果)를 거름 삼아 다시 열심히 일해서 재기에 성공했다면, 감동은 있을지언정 그 이상의 생각거리를 주지는 못했을 것이다. 게다가 태풍을 이긴 사과라고 해서 월등하게 새콤달콤했겠는가? 천만의 말씀. 이들의 성공담은 '의지'나 '기술'로는 설명할 수 없는 종류의 솔루션을 담고 있다. 뭔가 기발하고 차원 높은 솔루션. 답을 미리 말해주자면, 그것은 '관점의 변화'다.

다시 한 번 생각해보자. 아오모리 사람들이 한 일은 진정 무엇이었을까? 그들은 자신들이 잘 알고 있는 사과는 쳐다보지도 않았다. 그 대신 비로소 시선을 사과 밖으로 돌려 사람들의 '가슴속'을 노려보기 시작했다. 그러자 전에는 한 번도 읽지 못했던 새로운 것이 보이기 시작했다. 이 세상에는 '합격'이란 가치에 목숨 걸고 사는 사람이 무지하게 많고, 또 그 합격을 간절히 기원하는 그들의 가족이나 친구는 몇 배 더 많다는 것을. 그것을 발견하자, 아오모리 사람들은 사과와는 아무 상관이 없는 '합격'이란 단어를 붙여버렸다(사과+합격). 인류 역사상 그 누구도 생각하지 못한 전혀 새롭고 놀라운 사과가 탄생하는 역사적인 순간이었다.

즉 아오모리 사람들은 사과에 대한 관점을 화악~ 바꾼 것이다.
여기서 핵심이 무엇이겠는가? 그렇다. '화악~'이다.

관점을 조금 바꾸는 것은 쉽다. 그런 건 누구나 다 한다. 그러나 확 바꾸는 것은 어렵다. 관점을 180도 바꿔서 사람들이 아파하고 기뻐하는 것을 바라보고, 사람들이 소중하게 생각하는 것과 내가 가진 솔루션을 연결시켜야 한다.

아오모리 사과는 우리에게 메시지를 보낸다. 나는 그것을 '아오모리 메시지'라 부른다.

이 세상에 사과의 종류가 몇 가지나 되는지 아시는가? 내가 어릴 때는 사과의 종류가 많았는데 지금은 다 없어졌다. 내가 좋아했던 스타킹을 비롯해 인도, 골드, 홍옥 등 종류가 많아서 골라 먹는 재미가 있었는데, 어느 날 갑자기 센 놈이 나타났다. 부사. 부사는 고스톱으로 치면 쌍피짜리다. 그 전의 사과는 모두 한 종류였다. 당분이 많거나, 수분이 많거나…. 그런데 부사는 수분도 많고 당도도 높다. 그뿐이랴, 저장성이 좋아서 반년은 너끈히 버틴다. 사정이 이러니 다른 사과가 남아날 수 있겠는가. 부사가 나오면서 사과의 세계에는 일대 구조조정이 이루어져버렸다.

그런데 아오모리 사과는 이렇게 말한다.

"이보세요. 사과에는 부사, 홍옥 같은 것만 있는 게 아니랍니다. 물론 그런 것도 있지만, 이 세상에는 그보다 몇 만 배 더 많은 사과가 있답니다. 그게 뭐냐고요? 합격의 사과, 위로의 사과, 사랑의 사과, 낭만의 사과, 응원의 사과, 축하의 사과, 영감의 사과, 고독의 사과, 이별의 사과, 협력의 사과 등등 복잡한 인간의 감정만큼 다양한 사과들이 많다니까요. 그런데 만약 당신이 이런 사과가 있다는 사실을 믿지 않으신다면, 미안하지만 우리는 당신을 도와드릴 방법이 없습니다."

아오모리 메시지는 기능의 세계 뒤에는 감성의 세계라는 더 큰 세상이 있다는 사실을 우리에게 말하고 있다. 감성의 세계는 아픔을 아는 사람, 기쁨이 뭔지 아는 사람, 새로운 공간과 시간의 의미를 아는 사람만이 갈 수 있는 대륙이다. 그런데 놀라운 것은, 이 대륙이 기능과 기술의 세상보다 더 큰 세상이라는 것이다. 사정이 이러한데도 그걸 눈에 보이지 않는다고 해서 '없다'고 생각한다면, 눈뜬장님이라는 얘기다. 이것이 아오모리 메시지가 전하는 희망이자, 경고다.

무엇을 섞을 것인가 : 융합의 종류

아오모리 사과가 '사과'와 '합격'을 뒤섞은 결과물이듯이, 결국 모든 창조는 융합의 산물이다. 비빔밥과 짬뽕과 같은 융합을 통해 새로운 것이 탄생되는 것이다.

그런데 융합에도 종류가 있다. 예를 들어 같은 장르 안에서 일어나는 융합은 '퓨전(fusion)'이라 한다. 동양음악과 서양음악을 합치면? 퓨전음악. 다른 종류의 음식을 융합하면? 퓨전음식이다.

한편 다양한 지식의 세계에서 일어나는 융합은 이름이 다르다. 이화여대 석좌교수이신 최재천 선생이 말한 '통섭'이 바로 그것이다. 인문학적 지식과 사회과학적 지식이 합쳐져 진리에 대한 해석력이 강력해지고, 새로운 차원의 창조를 가능하게 한다. 이것이 최근 각광받고 있는 지식의 융합인 통섭의 세계다.

플랫폼이 같아야 통합이 가능한 융합도 있다. 같은 플랫폼 위에서 다양한 기능들이 융합되는 것을 '컨버전스(convergence)'라 한다. 예컨대 '디지털 컨버전스'는 디지털 기술의 플랫폼 위에 문자, 음성, 영상, 그래픽이 모두 융합하는 것을 말한다.

그렇다면 융합 중에서도 최고의 융합은 무엇일까? 바로 예술가들이 쓰는 융합이다. 초현실주의 화가 르네 마그리트(Rene Magritte)가 특히 잘 구사한 기법인 '데페이즈망(depaysement)'이 그것이다. 영어로 하면 'displacement', 우리말로 하면 '전치(轉置)'로서, 아무 관련 없는 두 개 이상의 것들을 상식에 맞지 않게 순서를 뒤집고 어울리지 않게 뒤죽박죽 섞어놓는 것이다. 이것이 융합의 최고기술이고, 동시에 창조의 절정기술이다.

르네 마그리트의 그림 〈이미지의 배반〉을 보자(106쪽 참조). 파이프 그림을 그려놓고 그 아래에다 '이것은 파이프가 아니다'라고 뒤통수치는 멘트를 달아놨다. 파이프를 파이프라 부르지 못하는 이 역설 앞에서 사람들은 일순 움찔한다. 이게 왜 파이프가 아니란 말인가?

그림은 이렇게 말한다. '이 그림은 단순한 이미지일 뿐, 담배를 넣을 수도 불을 붙일 수도 없으니 파이프가 아니다.'

마그리트는 이미지와 이미지를 배반하는 문자를 통해 우리에게 메시지를 전달한다.

우리가 얼마나 허상과 실체가 혼동되어 있는 세상에 살고 있는지를.

마그리트, 〈이미지의 배반〉

실체라고 믿고 있는 것이 가진 허상을, 또 허상 속에 숨어 있는 진실들을….

마그리트는 작은 것을 크게 확대하거나 생물과 무생물, 현실과 비현실, 과학과 예술 등 공존할 수 없는 것들을 하나의 화폭에 담아 이미지 배반을 감행한다. 그리고 그것을 통해 우리의 인식을 전복시키고, 고정관념을 벗어날 수 있는 길을 안내한다. 모든 익숙한 것을 기이하고 낯설게 느끼게 함으로써 우리를 착각하게 하고, 동시에 착시를 경고하는 것이다.

이처럼 말도 안 되게 뒤죽박죽 뒤섞는 것이야말로 가히 융합의 절정이다. 이것이 왜 절정이냐 하면, 그래야 놀라움이 있기 때문이다. 사람들의 마음속에 강한 충격(shock)을 주기 때문이다. 이처럼 누구도 붙이지 못한 대상들을 교배시키고, 예상을 뛰어넘어 쇼크를 주는 것, 이것이 창조를 가능케 하는 원천인 '하이믹스(high mix)'다.

하이믹스 1 : 예상을 뛰어넘는 엉뚱한 것과의 융합

창조는 한마디로 황당무계한 이종교배를 시도하는 것이다. 이 주장을 뒷받침하는 아주 재미있고 유용한 사례들을 몇 가지 소개한다.

사례 1 : 오토코마에 두부(두부+남자)

몇 해 전, 일본에서 새로운 개념의 두부가 나와서 세상을 뒤집었다. 그 두부의 이름은 '오토코마에(男前).' '사내다운'이라는 뜻인데, 좀 더 정확히 말하면 '싸나이다운' 정도 되겠다. 아주 터프한 싸나이다운 두부!

도대체 두부가 남자답다는 게 무슨 뜻일까? 두부는 다 거기서 거기, 두부 위에 두부 없고 두부 밑에 두부 없다. 바늘 하나 꽂을 데 없는 레드오션 중의 레드오션 시장인데, 새로운 두부라는 게 있을 수 없다. 이것이 우리의 관념이다. 그런데 일본의 어느 두부가 '남(男)' 자를 새기고 나왔는데, 반응이 장난이 아니다. 2006년 일본의 히트상품 6위에 오르더니, 2년 연속 40억 엔씩 파는 기염을 토했다. 남자다운 두부, 도대체 어떻게 했기에 그런 결과가 나왔을까?

이 두부는 이토 신고(伊蘇信吾) 사장의 작품이다. 그는 아버지가 하는 두부회사에서 영업사원으로 후계자 수업을 시작했다. 마케팅 책임자로서 그는 특별한 프로모션도 해보고, 독특한 두부도 많이 만들어보았다. 고객이 생두부를 잘라서 직접 포장하는 이벤트도 해보고, 두툼하게 튀겨서 전용용기에 담아 선보이기도 했다. 그러나 백약이 무효. 아무리 열심히 만들어도 두부는 영원히 '100엔' 고정이었다. 맛에 승부를 걸고, 영업을 열심히 해도 그것만으로는 소비자에게 전달되지 않았다.

그가 별짓을 다 해보고 고생 끝에 얻은 결론, 그것은…

'결국 두부에도 남다른 세계관을 넣어야 한다.'

이것이었다. 이 깨달음에서 모든 것이 시작되었다.

그의 깨달음을 더 쉽게 설명하면, 두부의 세계와 다른 세계를 짬뽕한다는 것이다. 그는 고민했다. '두부의 세상에 도대체 뭘 갖다 붙일 것인가?' 그러다가 엉뚱하게도 두부와 가장 멀리 있는 존재에 눈길이 갔다. 누구냐 하면, 바로 남자다. 그래서 나온 것이 '남자다운 두부'다.

아, 혹시나 해서 하는 말인데, 기본적으로 이 두부는 괜찮다. 고급두유를 써서 고소한 데다, 기계를 쓰지 않고 사람 손으로 만들었기 때문에 한번 먹어보면 누구나 그 맛에 반하게 된다. (사람들이 먹을 생각을 하지 않는다는 게 문제일 뿐.) 그래서 한번 먹어보게 만들려고 남자를 붙인 것이다.

남자다운 두부, 오토코마에

괴상한 이름에 카리스마 넘치는 남성 패키지, 그리고 이 의미심장한 슬로건….

"진정한 오토코마에는 당신을 배신하지 않는다."

이것으로 '게임 끝'이었다.

이 아리송한 슬로건은 사람들을 자극한다. 모든 여성들은 가슴속에 로망이 있다. 진정한 남자를 한번 만나고 싶은 로망. 여자만 로망이 있을까? 남자들도 로망이 있다. 진짜 '싸나이'가 되어 모든 여성의 시선을 받아보고 싶은 로망. 오토코마에는 이 모든 감성을 단번에 공략함으로써 사람들의 이목을 사로잡는 데 성공했다.

가장 먼저 반응을 보인 건 언론이다. 남자다운 두부가 나왔다니까 무슨무슨 비디오자키들이 총출동했다. 그러고는 사장에게 왜 이런 두부를 만들었느냐고 마이크를 들이밀었다. "고생 끝에 얻은 결론은 결국 두부에도 세계관이 있어야 하고 어쩌고~" 이런 내용이 방송전파를 타니까 이내 사람들이 호기심에 먹어보기 시작한다. 그랬더니, 너무 고소하다. 너도나도 인터넷에다 '먹어봤냐? 죽인다, 고소하다' 하며 야단이다. 이렇게 해서 드디어 일본 사람이 안 먹어본 사람과 드셔보신 분으로 양분되고, 급기야 캐릭터 인형까지 나오기에 이르렀다.

이 두부는 300엔이다. 100엔의 세상에서 단번에 200엔을 넘어 300엔의 세계로 넘어가는 데 성공했다. 그 이유는 순전히 컨셉 때문이다. 그런데 그 컨셉은 한마디로 생뚱맞은 것이다. 두부와 남자의 융합. 각각 있을 때 이것은 전혀 새롭지 않다. 그러나 '두부+남자'는 새롭다. 낯설다. 한발 더 나아가 '남자다운 두부'는 누구도 상상하지 못한 새로운 이야기다. 두부와 남자라는 어처구니없는 만남은 사람들에게 놀라움을 선사한다.

이처럼 전혀 상관없는 것과의 만남으로 우리는 사람들에게 새롭게 다가갈 수 있다.

"오토코마에 두부의 브랜드 전략은
놀랍고 유니크한 상품을 계속해서 만들어내는 것이다."
－이토 신고, 오토코마에 두부 사장

남자와 어울리지 않는 또 하나의 엉뚱한 융합으로 매튜 본(Matthew Bourne)의 〈백조의 호수〉가 있다.

매튜 본이 연출한 〈백조의 호수〉는 1995년에 초연된 이래 10년 넘게 전회 매진을 기록한 초절정 히트작이다. 그렇다고 대중성만 담보됐느냐 하면, 그렇지 않다. 토니상 최고연출가상, 최고안무가상 등 30여 개의 국제적인 상을 수상한 작품이다.

관객과 평단은 왜 이 작품에 열광했을까? 다른 건 다 차치하고, 일단 이 작품이 우리의 뒤통수를 치기 때문이다. 무엇으로 허를 찌르는가 하면, 매튜 본은 여성들이 만드는 우아한 백조를 박력 있는 남성들의 백조로 탈바꿈시켰다.

'남자가 백조야?' 그렇다. 이 작품에는 아주 독특한 설정이 있다. 설령 안무가 더 뛰어나고, 작품해석이 더 색다른 다른 〈백조의 호수〉 공연이 있더라도, 매튜 본의 강렬한 독특함 앞에서는 평범한 작품이 되어버린다. 왜냐하면 이 작품 속에는 한마디로 '백조+남자'라는 엉뚱한 융합이 있기 때문이다.

이 작품은 내가 보기에 가히 '발레의 오토코마에'라 할 수 있다.

매튜 본의 〈백조의 호수〉

사례 2 : 나비도시 전라남도 함평(도시+나비)

그렇다면 꼭 제품이나 서비스만 융합기술을 구사할 수 있을까? 물론 그렇지 않다. 세상에 있는 어떤 것도 융합의 대상에서 예외는 아닐 것이다. 마침 우리나라 지자체 중에 융합기술을 통해 도시의 운명을 바꾼 곳이 있어 소개할까 한다. 전라남도 함평이 바로 그곳이다.

2008년 어린이날, 함평은 나비축제 10년 만에 1일 최다방문객(6만 5,000명)의 기록을 세웠다. '어린이날' 하면 떠오르는 수도권 최대의 테마파크에 버금가는 수준의 놀라운 기록이었다. 33만 마리의 나비가 장관을 펼치는 명실상부한 '나비도시' 함평. 그러나 10년 전까지만 해도 이곳이 나비는커녕 변변한 특산물 하나 없는 시골마을이었다는 사실을 아는 사람은 많지 않다. 그런데 어떻게 '나비=함평'이란 등식을 만들어낼 수 있었을까? 그 스토리는 이렇다.

새로 부임한 군수는 함평을 차별화할 수 있는 포인트를 잡기 위해 마을을 샅샅이 뒤졌다. 그런데 이런, 아무것도 없더라는 것이다. 재정자립도는 겨우 10% 초반, 정부 지원이 없으면 당장 내일이 어떻게 될지 모르는 '위기의 마을'이 아닌가! 뭘로 먹고사나 고민하던 이 단체장은 지자체마다 한창 유행인 축제를 해보려고 했지만, 그나마 다른 지역에서 이미 하고 있는 유채꽃축제나 메밀꽃축제 같은 아이템으로는 도저히 게임이 안 될 것 같았다. 그렇게 고민에 고민을 거듭하던 그에게 찾아온 아이디어가 바로 '나비'였다.

그는 특이하게도 정치인이나 공무원이 아닌 지역방송국 PD 출신이다. 그것도 생태 전문 다큐멘터리 PD. 그런 그의 눈앞에 마침 나비 한 마리가 팔랑팔랑 날아가는 것이었다.

'그래! 요즘 도시에서는 좀처럼 나비를 볼 수 없으니, 이걸로 해보면 뭔가 되겠다!'

그 즉시 전 세계 축제현황을 조사했는데, 다행히 나비 컨셉의 축제는 없었다. '그래, 우리는 무조건 나비도시로 가는 거야!'

그런데 웬일, 함평엔 심지어 나비조차 없더란 말이다. 그래서 부랴부랴 온실을 짓고 씨앗 나비를 구해와 부화시키고, 나비가 도망 못 가게 꽃을 가꿔 축제를 준비했다. 그래서 만들어진 것이 오늘날의 나비도시, 함평이다.

함평은 맨땅에서 컨셉 하나로 승부를 낸 대표적인 성공사례다. 그들이 쥐고 있던 카드는 오로지 하나, 이제는 도시에서 쉽게 볼 수 없는 나비에 대한 '그리움'뿐이었다. 나비를 보면 누구든 어린아이 같은 순수한 미소를 짓는다는 것을 알고, 그 정서를 공략한 것이다.

하이믹스 2 : 문화예술과의 융합

'데카르트 마케팅'이라고 들어보았는가. 근대 철학자 데카르트(Rene Descartes)에서 따온 말은 절대 아니라는 점을 먼저 밝혀두겠다. 이것은 기술과 예술의 융합(tech+art)을 뜻하는 조어다. 원래는 '테크아트'라고 읽어야 하지만, 철학자 데카르트의 브랜드를 전략적으로 차용한 것이다.

단어 자체는 말장난 같지만, 그 안에는 무척 심오한 뜻이 담겨 있다. 지금까지는 예술에 대한 관심이 커지면서 예술분야 하나하나가 산업규모로 발달하는, 즉 예술이 산업화되는 기조가 주류를 이루었다. 그러나 데카르트 마케팅은 거꾸로 이제는 모든 산업이 차별화되기 위해 예술

또는 문화와 융합하는, 즉 산업이 예술화되고 문화화되는 트렌드를 말하고 있다.

대표적인 사례가 크라운-해태제과의 'AQ 경영'이다. 종전의 감성지수(EQ)가 예술을 '받아들이는' 수동적인 의미였다면, AQ(Artistic Quotient, 예술가적 지수)는 '예술작품을 직접 만드는 창조적 지수'를 뜻한다. 그런 예술가적 마인드를 바탕으로 사람들의 오감을 자극하고 '아름다운 즐거움' 을 선사할 수 있는 과자를 만들겠다는 것이다. 이를 위해 윤영달 회장을 비롯한 전 직원이 조형물을 만들고, 악기를 배우느라 여념이 없다. 또 예술분야 전문가들을 제품기획 단계부터 참여시키고 있다. 이처럼 새롭고 강력한 창조의 방법 중 하나는 바로 '문화예술과 융합'하는 것이다.

쉽게 말해서, 비즈니스에서 성공하려면 제품과 서비스뿐 아니라 문화예술적인 인센티브를 주어야 한다는 것이다. 즉 고객들이 예상하지 못한 가치를 서비스로 추가해주어야 하는데, 가장 강력한 것이 바로 문화 또는 예술이다. 기술과 기능은 충분히 고도화되어 차별화를 꾀하기가 어려워졌기 때문에, 이제는 문화예술적 인센티브를 통한 방법이 소비자들의 욕망을 자극하는 가장 강력한 수단이 된 것이다. 몇 가지 사례를 통해 살펴보자.

삼성전자 보르도 TV

사례 3 : 삼성전자 보르도 TV(TV+와인)

삼성전자는 꿈이 있었다. 전자제품 만드는 사람들은 가전에서, 그것도 TV에서 챔피언이 되는 게 소원 중의 소원이다. 그런데 삼성전자의 꿈은 객관적으로 '불가능한 꿈'이었다. 왜냐하면 소니(Sony)라는 절대강자가 버티고 있었기 때문이다. 비록 희망은 있었지만, 이루어지리라고는 아무도 생각하지 않았다.

그런데 삼성이 어느 새 1등이 되었다.

삼성 성공의 일등공신은 2006년 출시된 '보르도 TV'다. 제품을 개발할 당시, 직사각형 일변도를 탈피해 외관을 V자로 파고, 거기에다 받침을 붙여보니까 '왠지 와인잔 같다'는 생각이 들었다. 그래서 와인 컨셉을 차용하기로 했다. 또 그냥 우기면 힘이 없으니 프랑스의 유명한 와인

산지 '보르도'를 이름으로 붙여서 컨셉을 강화한 다음, 시장에 선보였다.

이처럼 별것도 아닌 시도를 했는데, 세계인이 반응하더라는 것이다. 설명을 간단하게 해서 그렇지, 보르도 TV의 실적은 결코 적당히 우수한 수준이 아니다. 최단기간 밀리언셀러에 등극한 데 이어 출시 첫해에 연간 300만 대가 팔려나간 대기록을 세웠다. 덕분에 삼성전자는 'TV 부문 세계 1위'라는 꿈을 이룰 수 있었다.

LCD TV라는 제품은 매우 표준화된 영역이다. 삼성 것이라고 뭐가 유별나게 다르겠는가? 소니나, 삼성이나, LG나 기술 자체로는 월등히 차별화하기 어려울 것이다. 삼성이 하나 다른 건 V자 라인과 '보르도'라는 이름뿐이다. 하지만 이 작은 변화는 결코 작지 않은 것이다. 왜냐하면 이것은 TV라는 세계에 '와인'이라는 컬처코드를 붙인 것이고, TV의 세계와 와인의 세계를 융합한 것이기 때문이다. 삼성은 TV에 와인이라는 '문화적 인센티브'를 조금 융합했을 뿐인데, 그것에 보인 시장의 반응은 실로 엄청났다. 이것이 융합의 힘이고, 문화적 인센티브의 힘이고, 컬처코드의 힘이다.

와인. 이 세계가 얼마나 방대한지 아시는지? 앞에서 잠시 말도 안 되는 와인 암기법을 소개하기도 했지만, 소믈리에들도 이름을 다 외우기 힘들 정도로 와인의 세계는 정말 넓디넓다.

삼성전자가 이처럼 방대한 와인의 세계를 점찍은 건 놀라운 일이다. 보르도 다음에 모젤(독일), 뒤껨(프랑스), 토카이(헝가리), 마야(미국) 등, 와인에서 갖다 쓸 수 있는 이야기가 수만 가지가 있는데, 그것을 몽땅 선점해놓은 것이기 때문이다. 게다가 그걸 잡아놓으면 아무도 못 건드린다. 괜히 와인 이름을 붙여봐야 다 삼성전자 따라 하기가 되니, 아무리 탐이 나도 군침만 흘릴 뿐이다. 와인이라는 거대한 이야기의 플랫폼을 독점할 수 있게 된 것이니, 이는 실로 엄청난 소득이다.

사례 4 : 샤또 무똥 로칠드(와인+미술)

문화예술과의 융합은 비단 기존 산업에서만 하는 것이 아니다. 문화예술 자체도 다른 문화예술과의 결합으로 하이컨셉을 창조한다. 지금까지 이야기한 와인의 세계에도 그런 사례가 있다.

1장에서 소개했듯이, 프랑스 와인에는 '5대 샤또'가 있다. 샤또 무똥 로칠드, 샤또 라피트, 샤또 라뚜르, 샤또 마고, 샤또 오브리옹이 그것. 프랑스 와인 등급은 1855년 와인 만국박람회에서 정해진 이후, 100년 동안 불변이었다. 그런데 딱 한 번 바뀐 적이 있다. 바로 샤또 무똥 로칠드다. 1973년, 2등급이었던 샤또 무똥 로칠드가 1등급으로 승격된 것이다.

피카소가 작업한 샤또 무똥 로칠드 1973년 라벨

왜일까? 이것도 융합의 산물이다.

샤또 무똥 로칠드는 라벨을 세계적인 화가들의 그림으로 채운다(와인+미술). 피카소, 달리, 샤갈, 칸딘스키, 워홀 등 당대 유명 화가들은 와인을 받는 대가로 한 편의 명화 같은 라벨을 그려주었다. 나중에는 라벨을 수집하기 위해 와인을 사는 사람들마저 생겨날 정도였으니, 와인의 세계와 미술의 세계를 융합하여 와인애호가들에게 얼마나 놀라운 예술적 인센티브를 선사했는지 이해가 될 것이다. 그 덕분에 샤또 무똥 로칠드는 1등급에 오를 수 있었다.

사례 5 : 베토벤의 〈합창교향곡〉(교향곡 + 성악 + 문학)

예술가들도 다른 예술가와의 융합을 꿈꾸고 시도한다. 그 사례가 바로 악성(樂聖) 베토벤(Ludwig van Beethoven)의 〈합창교향곡〉이다. 내 생각에 이 작품은 음악사에서 가장 놀라운 하이믹스의 결과물이다.

어느 날 베토벤은 이런 생각을 했다. '사람의 목소리는 너무나 훌륭한 악기다. 만약 다른 악기들과 융합을 하면 어떨까?'

그래서 그는 전대미문의 융합을 시도했다. 피아노 협주곡에 성악과 합창을 융합한 〈합창환상곡〉(1810년)이 그것이다. 그리고 이 작품의 성공에 자신감을 얻어 15년 후 드디어 교향곡에 성악을 융합한 대작을 완성해 발표한다. 교향곡은 관악과 현악으로 이루어져 있는데, 그는 여기에 목소리(성악)를 붙일 생각을 했고, 목소리를 붙이려면 노랫말이 있어야 하니 문학을 가미했다. 평소 자신이 좋아하던 실러(Fridrich Schillers)의 〈환희에 부쳐〉를 가져온 것이다. 〈합창교향곡〉은 관악과 현악에 성악과 문학이 합쳐진 융합의 결정판이다.

영감은 어디에서 오는가?

흔히 예술가들은 창작을 가능케 하는 '영감(inspiration)'이 남다르다고 여겨진다. 그래서 몇 년 전, 'inspiration'이라는 단어를 포털에서 검

색해본 적이 있다. 두산백과사전에서 제공하는 해석은 나에게 충격을 주었다.

'inspiration : 주로 예술작품의 창작과정에서 일어나는 사실.'

물론 100%라고는 말하지 않았고 '주로'라는 단서조항을 달았지만, 하여튼 대부분의 영감은 예술작품의 창작과정에서 나온다는 것이다.

'뭐야, 우리 같은 일반인들은 영감도 갖지 말라는 건가?' 이런 생각에 나는 상처를 받았다.

그러고 나서 3~4년의 시간이 흘렀다. 그동안 와인공부, 미술공부, 사진공부, 음악공부, 영화공부 등을 하며 여러 방면에서 신나게 놀아본 다음, 이 단어를 다시 보았다. 그랬더니 느낌이 너무 달라져 있었다.

'이 해석은 정말 옳은 말이다.'

왜 그럴까? 예술가들이 성공하는 조건을 생각해보자. 가령 화가를 놓고 보면, 화가의 성공조건은 우선 남이 절대로 그린 적이 없는 그림을 그려야 하고(필요조건), 그뿐 아니라 뜻밖에도 그 그림이 굉장히 아름답거나, 놀라움을 줄 수 있어야 한다(충분조건).

"우와~ 아름답다!" "우와~ 어떻게 이런 생각을 다 했지?"

이런 반응이 나올 때 비로소 이 화가는 성공한 것이 아닐까.

이처럼 예술활동의 전제조건은 남들이 누구도 내놓지 않았던 작품을 창작하는 것이다. 그러기 위해 예술가들은 끊임없이 다른 세계와 만나서 새롭고 독특한 융합을 시도해 나간다. 그러기에 모든 예술은 진보적이고, 실험적인 것이다. 이렇게 다른 세계와 만나는 경계선에서 생겨나는 것이 '영감'이다. 즉 새로운 영감을 만나려면 먼저 다른 세계와 만나야 하는 것이다.

하지만 우리는 어떤가. 직업인으로서 우리에게는 루틴(routine)한 일들이 너무 많고 바쁘다. 그러기에 다른 세상을 만나러 갈 시간이 없다. 그래서 우리는 늘 영감을 갈망하지만, 쉽사리 만나기 어려운 것은 아닐까?

스페인 속담에 이런 게 있다.

'당신의 친구들이 어떤 사람인지 말해보라. 그러면 당신이 어떤 사람인지 말해주겠다.'

참 멋있는 말이다. 이종결합을 하려면 여러 장르의 친구들을 만나서 놀아야 한다. 그리고 그 세계에서 배워야 한다. 물론 아무나 만나면 탈이 난다. 영감을 주는 사람들을 찾아서 그들의 레퍼런스를 흡수해야 할 것이다. 즉 누구를 만나서 무슨 공부를 하는지가 중요하다.

고정관념에 사로잡히지 않고 창조를 가능하게 하는 영감. 이것은 결국 한 세계와 다른 세계의 '교차점'에서 나온다. 그러니 영감을 얻으려면 낯선 세계를 돌아다녀볼 필요가 있다. 오늘날 세상에서 가장 비싼 강연자이자 가장 영향력 있는 경영대가로 알려진 게리 해멀(Gary Hamel)

은 세계의 경영자들에게 이렇게 말했다.

"경영자에게 필요한 아이디어의 80%는 경영 테두리 밖에서 온다."

이것이 비단 경영자들만 새겨들어야 할 말일까? 우리가 찾아 헤매는 창조의 씨앗은 십중팔구 우리가 모르는 엉뚱한 곳에 묻혀 있다. 그러니 간절하게 '나다운 것(originality)'을 찾아내어 새로운 것을 창조하고 싶다면, 또 막다른 골목에 몰린 것처럼 막막하고 아무 생각도 떠오르지 않는다면, 다른 곳을 바라보라. 다른 세계와의 부딪침을 귀찮아하거나 두려워 말라. 그 속에서 '오리진'의 열쇠를 찾아낼 수 있다. 창조는 몰입을 통해, 또 융합을 통해 '오리진'으로 거듭나는 과정이다.

Insight Question

운명을 바꾸고 싶은가? 그렇다면….

- 나에게 가장 소중한 사람들이 흥미로워할 새로운 융합은 어떤 것들인가?

- 내가 가지고 있는 가장 강력한 융합의 재료는 어떤 것이 있는가?

- 그리고 찾아보자.
  내 주변의 사람들이 가지고 있는 융합의 아이디어와 융합의 재료는 무엇인지….

Inspiration Box

창조집안 가계도

이쯤에서 지금까지의 내용을 정리할 겸, 창조의 프로세스를 점검해 보는 것도 도움이 될 것 같다. 창조에 관한 그동안의 생각을 정리해 보면, 다음과 같은 창조의 가계도를 만들 수 있다.

창조의 어머니는 누구일까? 바로 '몰입'이다. 뭔가 새로운 세계가 나오려면 몰입을 해야 한다. 백남준 선생은 비디오아트에 목숨 걸고 완전 몰입의 세계로 들어갔다. 또 미술가 강익중 선생은 모자라는 시간을 메우기 위해 3인치 그림에 몰입한 결과, '세계에서 가장 작지만 가장 큰 그림'이라는 역설적 장르를 개척할 수 있었다.
그렇다면 몰입의 어머니는 누구일까? 바로 '생각'이다. '비디오와 아트를 융합하면 뭔가 새로운 장르를 만들 수 있지 않을까?'라는 생각이 백남준 선생을 이끌었다.
또 그럼 생각의 어머니는 누구일까? 루트번스타인(Root-Bernstein)은 《생각의 탄생(Spark of Genius)》에서 '관찰'이 생각의 출발점이라고 결론지었다. 무언가를 바라보다가 남들이 보지 못한 것을 보았을 때, 남다른 것을 보았을 때, 새로운 생각을 할 수 있게 된다는 것이다.
정리해보면, 관찰은 생각을 낳고, 생각은 몰입을 낳으며, 몰입은 창조를 만드는 것이라 할 수 있다.

창조의 모계도 : 관찰 → 생각 → 몰입 → 창조

그런데 애들은 엄마만 있고 아빠는 없는 것일까? 내가 보기에는 당연히 있고, 그 아빠들의 이름은 모두 '융합'이라고 생각한다.
백남준 선생은 원래 음악을 하신 분이다. 뒤늦게 미술로 선회했지만, 그 분야에서 두각을 내기는 불가능해 보였다. 아무도 시도하지 않은 새로운 장르를 만들고 싶었기에 여러 가지 고민이 많았다. 그러던 중….

- 관찰 : 문득 TV를 보며 영감이 떠올랐다. '영상으로 그림을 그리면 어떨까?'(영상+미술의 융합)
- 생각 : 계속 고민을 진화시켜 비디오아트라는 장르를 생각해냈다.(비디오+TV+아트의 융합)
- 몰입 : TV(단말기)와 비디오(매체), 백남준다움에 몰입하였다.(비디오아트+백남준다움의 융합)
- 창조 : 그래서 비디오아트가 만들어졌고, 명작들이 탄생했다.

이제 우리는 엄마뿐 아니라 아빠가 들어가 있는 창조집안의 가계도를 그릴 수 있게 되었다.

정리해보면, 모든 창조는 '융 씨' 가문의 자식들이다. 융합은 다른 세계와의 만남을 상징한다. 이는 칸막이를 제거하고 장르의 담장을 허물어뜨려야 갈 수 있는 열린 세계다. 새로운 영감은 호기심으로 다른 장르를 바라볼 때 찾아오는 것이다. 그래서 우리에게는 많은 친구들이 필요하다. 화가도 필요하고, 음악가도 필요하고, 작가도, 배우도, 의사도, 과학자도…. 그 친구들과 힘을 합할 때 우리는 비로소 새로운 세상을 만들 수 있을 것이고, 우리의 운명을 바꿀 수 있을 것이다. 이것이 혼혈, 비빔밥, 짬뽕, 이종교배의 힘이다.

High Concept

5

컨셉이 없으면 창조도 없다

From remarkable to ORIGIN

꽃

김춘수

내가 그의 이름을 불러 주기 전에는
그는 다만
하나의 몸짓에 지나지 않았다

내가 그의 이름을 불러 주었을 때
그는 나에게로 와서
꽃이 되었다

내가 그의 이름을 불러 준 것처럼
나의 이 빛깔과 향기에 알맞는
누가 나의 이름을 불러다오
그에게로 가서 나도
그의 꽃이 되고 싶다

우리들은 모두
무엇이 되고 싶다
너는 나에게 나는 너에게
잊혀지지 않는 하나의 눈짓이 되고 싶다

이제 막 우리는 융합에 대해 알아보았다. 어쩌면 새로운 것이란 더 이상 없으며, 지금 새로 만들어지는 모든 것들은 따지고 보면 떨어져 있던 두 세계가 협력해서 만들어낸 결과물일 가능성이 높다는 것이다. 아니, 그렇게 생각하는 것이 새로운 것을 만들기에 훨씬 더 현명하고, 우리 모두를 창의적으로 만들어준다고 나는 생각한다.

그렇다면 한 세계와 다른 한 세계, 이 두 세계가 만나는 조건은 무엇일까? 융합에도 과연 궁합이 있을까?

컨셉 있음과 컨셉 없음

신수정 선생이 서울음대의 학장을 하시던 2007년 이야기다. 서울음대의 축제 기간 중 특강을 해달라는 요청이 와서, 본의 아니게 예술의 문외한인 내가 예술가들 앞에서 강연을 한 적이 있다. 그때 음악도들에게 다가갈 수 있는 소재가 필요해 대원문화재단 김일곤 회장께 SOS를 쳤다. 김 회장은 사업을 하는 분이지만 음악에 관한 지식과 음악사랑이 장난이 아니다. 음악가들을 응원하고 후원하는 일을 열정적으로 하고 있고, 권위 있는 음악상인 '대원음악상'을 제정, 운영하고 있는데, 특히 브람스에 관한 강의는 너무나 재미있고 유익하다. 그분께 마침 시의성이 있고 주제에도 딱 맞는 에피소드를 하나 얻을 수 있었다.

2007년 1월 12일 출근하는 사람들로 가장 바쁜 오전 8시, 미국 워싱턴 D.C. 랑팡 지하철역에서 작은 연주회가 열렸다. 청바지와 티셔츠 차림에 야구모자를 눌러쓴 연주자는 미국 최고의 바이올리니스트 중 한 명인 조슈아 벨(Joshua Bell)이었다. 그는 무려 30억 원짜리 1713년산 스트라디바리우스를 들고 연주를 시작했다.

이 연주회에는 목적이 있었다. 이 멋진 연주를 듣고 과연 일반인들이 어떻게 반응하는지를 알아보기 위한 것이다. 그 반응의 정도를 측정하기 위해 바이올린 케이스에 돈을 넣도록 했다. 과연 결과는 어떻게 됐을까?

참담하게 끝났다.

1분 이상 머물러서 들은 사람은 7명이고, 수입은 겨우 32달러.

그날 그 자리를 지났던 사람들은 몰랐던 것이다. 그가 바로 그 조슈아 벨인 줄, 그의 손에 들린 악기가 그렇게 귀한 것인 줄. 물론 조슈아 벨도 몰랐을 것이다. 자신이 그처럼 철저히 외면당하리란 것을!

이 소식을 전해들은 유럽의 음악가들은 가만히 있을 수가 없었다. "역시 미국은 안 돼. 우리가 본때를 보여주자."

유럽은 다를 것이라고 확신하였지만 한편으로는 뭔가 좀 불안했는지 바쁜 출근길 대신 퇴근시간대를 택하고, 연주자도 기왕이면 예쁜 미인인 편이 낫겠다는 판단 아래 미모의 여성 바이올리니스트인 타스민 리틀(Tasmin Little)을 내세웠다. 이윽고 2007년 4월 17일 저녁 6시, 런던의 워털루역.

'미국과는 확실히 다를 것이다'는 예상 하에 연주가 이루어졌다. 어떻게 됐을까?

결과는 미국과 전혀 다르지 않았다.

1분 이상 머물러서 들은 사람은 8명이고, 수입은 겨우 28달러.

여기까지는 남의 나라 이야기다. 이 소식이 전해지자 이번에는 한국 음악가들의 호기심이 발동했다. 그래서 얼마 후 2007년 5월 2일 8시 45분, 성신여대의 피호영 교수가 대한민국에서 유동인구가 가장 많다는 강남역 6번출구에서 무려 70억짜리 스트라디바리우스와 무려 1억짜리 활을 들고 한국인이 좋아하는 곡들을 연주했다.

그 결과는 어떻게 되었을까? 3개국 중 3등을 했다.

2분 이상 머물러서 들은 사람은 5명이고, 수입은 겨우 16,900원.

자, 이 실험의 공통점이 무엇인가? 세계적인 연주자들이 초고가의 악기를 들고 절정의 실력을 보여주었음에도 불구하고, 사람들의 마음을 사로잡는 데는 실패했다.

이 사건(?)에서 얻을 수 있는 교훈 또는 시사점이 있다면 무엇일까?

첫째, 사람들은 너무 바쁘다! 1분을 멈추어서 지켜볼 여유가 없을 정도로 각박하기 때문에, 우리가 아무리 많은 연구를 하여 어떤 결과물을 내놓는다 해도 그들의 관심을 얻기는 쉽지 않다는 것이다.

둘째, 만약 음악가들이 '좋은 악기와 특별한 선곡으로 훌륭하게 연주한다면 사람들이 우리를 봐줄 것이다'라고 생각한다면, 그건 너무 단순한 생각이라는 것이다. 마찬가지로 기업을 하는 사람들이 '싸고 좋은 제품을 만들면 사람들이 그걸 사줄 것이다'라고 생각한다면, 틀렸다고는 할 수 없지만 그것 역시 순진하고 단순한 생각이다. 좋은 연주를 하거나 좋은 제품을 만드는 것은 어디까지나 기본일 뿐이다. 거기에 아주 강력하고 특별한 '플러스알파'가 없다면, 성공은 이루어질 수 없다. 과연 무엇을 보태야 난리가 날까? 즉 놀라고 열광할까?

사람들을 매료시키는 '컨셉'이 있어야 한다.

우리는 컨셉의 세상으로 들어가기 위해 여러 곳을 거쳐왔다. 새로운 가치가 들어간 새로운 컨셉을 만들어내는 것은 어쩌면 창조의 목적지라

할 수 있다. 새로운 컨셉은 아무나 쉽게 상상할 수 있는 것이 아니다. 애절한 사랑이 있을 때에만 가능하다. 또 상대의 고통을 진심으로 이해하고, 신나는 기쁨의 재료들이 충만한 사람만이 만날 수 있다. 그것은 새로운 공간과 시간을 만들어내는 힘이며, 다른 세계와 융합했을 때 나오는 것이다.

컨셉이 무엇이고 얼마나 위력적인지를 단번에 이해하기 위해, 우리 함께 일본 홋카이도로 여행을 떠나보자.

열광의 조건 : 컨셉

일본에서 유명한 아사히야마(旭山) 동물원. 이미 책으로도 소개되어 국내 독자들에게도 제법 익숙한 곳이다.

일본 홋카이도에서 일단 기차를 타고 2시간을 들어간 다음, 아사히카와라는 소도시에서 시외버스로 1시간을 더 들어가야 나오는 시골 동물원이다. 그런데 이 동물원 때문에 일본이 난리가 났다. 아니, 일본을 넘어 우리나라에서도 이 동물원을 벤치마킹하느라 떠들썩했다. 삼성전자의 윤종용 부회장이 2007년 주주총회에서 "아사히야마 동물원 같은 삼성전자가 되겠습니다."라고 발언하여 화제가 되기도 했다. 2005년에는 일본에서 가장 창의적인 조직, 가장 창조적으로 운명을 바꾼 기관을 선정했는데, 놀랍게도 이 시골 동물원이 챔피언에 올랐다. 가장 드라마틱한 창조의 챔피언이 된 것이다. 또 2006년에는 〈일경 비즈니스〉가 선정한 '일본을 빛낸 혁신가'에서 이 동물원 원장이 대상을 받았다. 이런 사정을 보면, 이 동물원에 무슨 일이 있어도 단단히 있었던 것이라 짐작할 수 있다.

고스게 마사오(小菅正夫) 원장이 취임한 1996년 당시, 아사히야마의 연 관람객 수는 26만 명이었다. 액면가로만 보면 이는 그리 나쁜 성적이 아니다. 1시간 떨어져 있는 아사히카와의 총 인구가 35만 명이니, 줄잡아 지역 사람들의 절반 이상이 동물원을 찾은 셈이다. 하지만 동물원 운영에 필요한 절대 관람객에는 한참 모자라는 성적이었고, 급기야 매각설까지 나돌며 위기에 봉착하고야 말았다.

그런데 10년이 지난 2006년엔 관람객이 270만 명으로 수직상승, 아니 말 그대로 '점프'했다. 2007년에는 300만 명, 2008년 330만 명! 인구 35만의 도시에서는 절대로 만들어질 수 없는 숫자가 만들어지자 난리가 난 것이다.

인재도 없고 돈도 없는 이 시골 동물원이 도대체 뭘 어떻게 했기에 이렇게 야단일까? 여러 가지 이유가 있겠지만, 딱 한 가지로 줄인다면 이것이다. 이 동물원에는 단 네 글자로 된 그들만의 '컨셉'이 있었다.

기존의 동물원은 동물만 갖다놓으면 자신의 임무는 끝났다고 생각했다. '그저 밥이나 잘 먹이고 아프지 않게 돌봐주면 사람들이 보러 올 것이다.' 예전에는 그랬다. 왜냐하면 사람들이 갈 데가 없었으니까. 그런데 요즘은 아이들도 동물원에 안 온다. 왜? 동물원이라고 갔더니 동물 중의 95%가 엎어져 자고 있기 때문이다. 호랑이 이빨이라도 보고 와야 보람이 있을 텐데 줄곧 자는 모습만 봐야 한다니, 이렇게 지루할 데가! 그러니 처음엔 호기심에 갔다가 다음엔 절대 안 간다. 바로 옆에 있는 테마파크로 발길을 돌려버린다.

모든 동물원이 다 마찬가지다. 그런데 여기는 삿포로에서 2시간+1시간을 더 들어가야 하는 데니 누가 가겠는가. 그래서 원장이 고민을 시작했다. 어떻게 하면 이 운명을 깰 수 있을까?

아사히야마에게 다행이었던 것은, 고스게 원장이 사육사 출신으로서 현장경험이 풍부했다는 사실이다. 그는 동물을 너무나 잘 알고 깊이 사랑하는 사람이었다. 그에게는 이런 신념이 있었다.

'동물들은 사람에게는 없는 놀라운 능력을 많이 가지고 있다. 그런데 그런 놀라운 능력을 가진 동물 수백 마리가 있는 동물원이 지금처럼 재미가 없다는 것은 말이 안 된다. 우리가 생각을 조금만 바꾸면 틀림없이 놀라움과 재미가 넘치는 특별한 동물원을 만들 수 있다.'

그 신념을 바탕으로 구성원들이 함께 고심해서 만든 새로운 방향이 바로 그들의 컨셉이다.

'능력전시!'

이것은 무슨 뜻일까? '이제부터 우리는 동물을 보여주는 동물원이 되지 말고, 그들이 가지고 있는 놀라운 능력을 보여주는 동물원이 되자!'라는 것이다. 이 한마디 속에는 그들만의 전략과 컨셉이 분명하게 담겨 있다.

컨셉이 있어야 상상력을 꺼낼 수 있다

컨셉이 중요한 이유는 사람들에게 자신 안에 있는 상상력을 꺼내게 해주기 때문이다.

컨셉이 일단 정해지니 구성원들의 가슴속에서 상상력이 나오기 시작했다.

'아, 이제부터 동물들의 능력에 관심을 가져야겠구나', '또 능력을 어떻게 보여주어야 사람들이 재미있어할지, 흥미로운 방법을 개발해야겠구나' 이런 생각을 하니 놀라운 아이디어가 줄줄이 쏟아져 나왔다.

이것이 바로 컨셉의 힘이다. 컨셉은 일종의 '화두'이고, 좋은 화두는 사람을 생각하게 만드는 힘이 있다.

생각을 자극하는 좋은 컨셉이 나오면, 사람들은 상상력을 꺼낼 수밖에 없다. 모든 조직과 개인의 운명을 바꾸기가 쉽지 않은 것은, 그들의 운명을 바꿀 만한 가치 있는 컨셉을 정하지 못했기 때문이다. 그렇기에 명확한 컨셉이 있는 사람과 없는 사람은 팔자가 다를 수밖에 없다. 이 세상에 팔자를 고친 사람들은 다 나름의 컨셉이 있는 사람들이다. 그러므로 이 순간 우리는 자문해봐야 한다.

'나의 컨셉은 무엇인가?'

'우리 조직의 컨셉은 무엇인가?'

이 동물원은 컨셉을 가진 후, 이전에 어느 동물원도 하지 않았던 사고를 치게 됐다. 새로운 플레이어로 거듭난 것이다. 그렇게 하기를 10년이 넘었으니, 지금 이 동물원이 얼마나 재미있어졌겠는가. 마치 서커스 공연장에 온 것처럼 동물 우리 하나하나가 '익사이팅(exciting)'하기 그지없다.

원숭이 우리에 한번 가보자. 원숭이 우리 저 끝에 바나나 몇 개가 놓여 있다. 그리고 원숭이는 반대편 출발점에 있다. 우리 안은 완전히 미로에다, 그 중간에는 웅덩이를 비롯한 각종 장애물 천지다. 과연 이놈이 저기까지 갈 수 있을까? 다치진 않을까? 관람객들의 염려와 응원 속에 출발한 원숭이가 마침내 모든 장애물을 극복하고 바나나를 손에 쥐는 순간, 우리는 박수를 치지 않을 수 없다. 그 녀석의 능력을 보았기 때문이다.

아사히야마 동물원은 일본과 일본인을 놀라게 했을 뿐 아니라, 감동을 주었다. 작은 것이 큰 것을 이길 수 있다는 감동, 지방이 중앙을 능가할 수 있다는 감동, 또 시골 동물원이 전 세계의 어느 동물원도 상상하지 못했던 새로운 개념의 동물원을 창조해냈다는 감동. 일단 감동을 만들어내니, 사람들이 몰려들기 시작했다.

이제 세상의 모든 동물원들이 너도 나도 아사히야마를 따라 하기 시작했다. 동물들도 좋은 시절 다 끝난 것이다. 이제 동물원에는 하루 종일 잠만 자는 동물은 없다. 잠만 자다가는 퇴출당한다. 동물들도 자기계발을 해야 한다. 뭔가 자신만의 능력을 보여줘야 생존할 수 있는 시대가 온 것이다.

이것이 과연 남의 일일까? 아니다. 동물도, 경영자도, 공무원도 먹고살기 힘들기는 다 마찬가지다. 어떤 업종이든 옛날처럼 적당히 때우며 버티던 시대는 끝났다. 우리의 생각이 멈추는 순간, 망가지는 것은 시간문제다. 동물원이 서커스단이 되듯이, 모든 업종의 경계가 깨지고 있다. 이제 어느 업종이든 새로운 방식이 필요하다. 이것은 돈이 많고 적고, 사람이 많고 적고의 문제가 아니다. 아사히야마 동물원의 직원이 몇 명인지 아는가? 25명이다. 이 25명이 300만 명을 창출해내고, 또 즐겁게 한다. 이것은 사람들에게 새로운 기쁨의 시간과 공간을 선사하는 창조적 플레이를 할 때 비로소 가능한 일이다. 그리고 이 창조적인 플레이의 중심에 바로 '컨셉'이 있다.

그렇다면, 컨셉이란 무엇인가

컨셉이라는 단어는 매우 압축된 말이다.

우리는 평소에 그냥 쉽게 '컨셉, 컨셉' 하지만, 컨셉에는 엄연히 풀네임(full name)이 있다.

이를 비즈니스 용어로 풀어서 설명하면 '새로운 고객가치가 들어 있는 비즈니스 컨셉(business concept with new customer value)'이라 할 수 있다. 한마디로 컨셉에는 새로운 가치가 들어 있다. 특히 '하이컨셉(high concept)'에는 사람들을 열광하게 만드는 강력하고 통쾌한 가치가 들어 있다.

가치란 무엇일까? 예를 들어 휴대폰의 가치가 변화해온 과정을 보면, 가치의 세상이 얼마나 다양하고 풍요롭고 융합적이고 파괴적일 수 있는지를 알 수 있다. 최근 아이폰이 노키아나 애니콜을 공격한 것도 앱스토어라는 기능을 통해 라이프스타일 솔루션을 주는 기기로 휴대폰의 가치를 격상시켰기 때문이다.

그러면 휴대폰의 진화는 여기서 끝난 것일까? 앞으로 과연 어떤 가치들이 추가될 수 있을까? 내가 생각해본 새로운 개념들은 다음과 같다.

소통기기	소통기기	소통기기	소통기기	소통기기	소통기기	소통기기
	정보수집	정보수집	정보수집	정보수집	정보수집	정보수집
		게임기기	게임기기	게임기기	게임기기	게임기기
			카메라	카메라	카메라	카메라
				MP3 플레이어	MP3 플레이어	MP3 플레이어
					라이프 스타일기기	라이프 스타일기기
						?

휴대폰의 진화

- 모바일 스쿨(school)
- 모바일 씽크탱크(think tank)
- 모바일 미술관(gallery)
- 모바일 런웨이(run way)
- 모바일 쇼핑센터
- 모바일 콘서트홀…

새로운 가치를 더하면 새로운 컨셉이 나온다. 그러므로 우리는 새로운 가치를 더함으로써 수없이 많은 새로운 컨셉을 생각할 수 있다.

그러나 모든 가치가 성공적인 컨셉이 되는 것은 아니다. 과연 성공적인 컨셉의 조건은 무엇일까?

매력적인 컨셉의 두 가지 조건

하이컨셉을 생각할 때마다 떠오르는 사람들이 있다. 에버랜드 사파리를 종횡무진하는 만능 엔터테이너들. 15년 전에 봤지만, 나는 지금도 이 놀라운 가치컨셉의 대가들을 잊을 수 없다. 내가 목격한 한에서 이 사람들만큼 자기 일을 멋지게 정의한 사람들도 없다.

아시다시피 사파리에서는 야생동물을 풀어 키우고, 관람객들은 버스를 타고 동물들을 코앞에서 구경한다. 그런데 에버랜드 사파리는 버스 운전기사가 아주 재미있다. 건빵 몇 개로 덩치 큰 곰을 자유자재로 다루는 솜씨도 대단하지만, 애드립 또한 수준급이다. 버스를 타고 지나가다 옆에 연못이 보이면 운전사가 이렇게 묻는다.

"어린이 여러분, 이 옆의 연못은 보통 연못이 아닙니다. 이 연못은 대장 곰들만 목욕할 수 있는 특별한 연못이어서 이름이 있거든요. 그 이름이 무엇인지 여러분 아세요?"

아이들이 알 리가 없다. 그러면 운전기사는 한참 뜸을 들이다가,

"이 연못의 이름은 곰탕이에요!"라고 말한다. 동시에 "까르르~" 터지는 아이들의 웃음소리.

하지만 내가 정작 이들에게 감동한 것은 마지막 대목이었다.

"어린이 여러분, 즐거우셨어요? 여러분과 함께한 저는 '만능 엔터테이너' 김철수입니다."

아, 이들은 자신의 업(業)을 '운전'이라는 좁은 시야에 가두지 않는다. 버스에 탄 관람객들을 즐겁게 해주는 '엔터테이너'라고 자신을 인식한 것이다. 이들 덕분에 사파리 투어가 즐거웠다면, 그것은 순전히 그들이 컨셉을 남다르게 설정했기 때문이다. 개그맨들이 줄기차게 아이디어 회의, 콘티 회의를 하는 것처럼 사파리 운전기사들은 '어떻게 하면 재미있게 해줄까?', '손님들의 마음은 어떨까?'를 끊임없이 상상할 수밖에 없다. 왜냐하면 그들의 컨셉이 '즐거움'이기 때문이다. 그 덕분에 우리는 사파리에서 웃고 즐기며 유쾌한 한때를 보낼 수 있는 것이다.

이들의 사례를 들여다보면 하이컨셉이 가져야 할 조건을 알 수 있다. 첫째, 고객가치의 언어로 정의돼 있어야 한다. 그냥 가치가 아니라 '고객가치'라고 해줘야 나의 고객이 누구인지 정의하고 시작할 수 있다. 그들이 기뻐할 일이 무엇인지를 정하는 것이 고객가치다. 그것으로 컨셉을 정의해야 한다. '나는 이 일에서 어떤 가치를 만들어내는가?'라는 프레임으로 필터링하면 전혀 새로운 풍경이 보인다. 사파리 운전기사가 운전대가 아닌 고객의 웃음을 보게 된 것도, 자신의 가치를 새롭게 정의했기 때문이다.

둘째, 아무도 사용하지 않은 단어로 정의해야 한다. 단어가 같으면 다른 사람들의 상상력과 맞닥뜨리게 된다. 그러면 아무리 멋있는 개념이라도 '나만의 컨셉'이 될 수 없다. 모든 회사가 다 쓰는 단어로 답하면, 틀린 말은 아니지만 우리에게 영감을 주지 못한다. 평범한 언어는 새로운 전략과 작전을 주지 않는다. 그러므로 당신의 사명을 표현하는 단어는 독특할수록 좋다.

이 순간 어떤 분야에 있든, 우리는 하이컨셉의 서비스를, 하이컨셉의 제품을, 하이컨셉의 동물원을 내놓아야 한다. 그것은 내 마음대로 정할 수 있는 게 아니다. 내가 잘 아는 전문분야 지식은 잠시 밀쳐두고, 사람들이 갈망하고 있는 것이 무엇인지, 사람들이 소중하게 생각하는 것이 무엇인지를 찾아내고, 솔루션을 만들어야 한다.

당신은 컨셉이 있는가? 만약 다음의 질문에 대답할 수 있다면 당신은 컨셉이 있는 것이다.

"나는 무엇을 파는 장수인가?"

"나는 (다른 사람이 팔지 않는) 어떤 고객가치를 파는 장수인가?"

이것을 자문해보면 나만의 컨셉이 있는지 없는지를 알 수 있다. 나이키(Nike)에 가면 이렇게 적혀 있다고 한다. "우리가 파는 것은 신발이 아니라 '승리(victory)'다." 그 어떤 신발 장수도 '승리'라는 고객가치를 팔려고 했던 사람은 없었다. 그런데 남들이 쓰지 않았던 그 대담하고 특별한 단어를 화두로 꺼낸 순간, 나이키는 상상력의 교두보를 확보할 수 있었고, 새로운 개념의 신발들을 상상해내어 오늘날 위대한 신발 장수가 될 수 있었다.

'나는 무엇을 파는가?' 이 대답에 아무도 생각하지 못한 단어가 들어 있으면, 그 사람은 성공할 수밖에 없다. 같은 회사에 근무하더라도 내가 무엇을 하는 사람인가에 대한 답이 생각의 크기를 결정한다.

그러니 물어보라. 나는 어떤 일을 하는가? 그 일은 어떤 가치를 지니는가?

하이컨셉의 핵심 : '엉뚱하고 가치 있는'

〈황소머리〉는 피카소(Pablo Ruiz Picasso)가 가진 컨셉의 힘을 보여주는 작품이다. 어느 날, 피카소가 고물상에서 자전거 해체 광경을 보고 불현듯 떠오른 아이디어로 제작한 이 간단한 조합물은, 문외한이 보더라도 "대단하다!"는 탄성을 자아내기에 충분하다. 일단 재료가 놀랍다. 고물 자전거 안장과 핸들, 이 두 가지가 전부다. 제작방법은 심플함의 극치로, 세심하게 깎고 조이는 '기술'이 전혀 들어가 있지 않다. 그냥 안장에다 핸들을 거꾸로 갖다가 붙였다. 말하자면 원천재료나 기술이

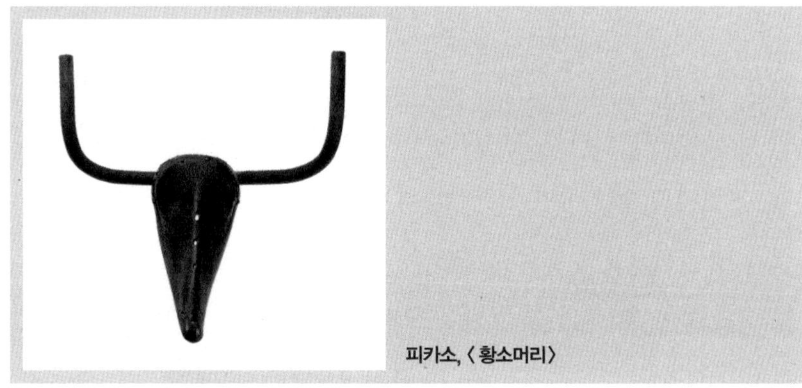
피카소, 〈황소머리〉

참으로 보잘것없는 작품이다. 그런데 어느 기사를 보니 이 작품에 300억 원이라는 엄청난 가격이 매겨졌다고 한다. 어떻게 그런 가격이 매겨질 수 있었을까?

그것은 오롯이 피카소의 상상력의 가격이다. 입이 쩍 벌어지는 창조의 상상력, 그 놀라운 컨셉.

피카소는 이렇게 말했다. "나는 찾지 않는다. 있는 것 중에서 발견할 뿐이다."

이것이 창의성의 본질이다. 있는 것 중에서 새로운 가치의 의미를 재발견하는 것. 그동안 우리가 육신의 눈으로 보던 것들을 마음의 눈을 통해 재해석하면, 거기서 창조가 나온다. 컨셉의 눈으로, 가치의 눈으로 다른 사람들이 보지 못한 것을 봐야 한다.

유니크(unique) 그리고 하이밸류(high value).

컨셉은 한마디로 독특하면서도 그 속에 사람들이 열광할 만한 가치를 담고 있어야 한다는 뜻이다. 원래 이것은 예술가들의 성공조건이었다. 그런데 이제는 우리 민간인들의 성공조건도 같아져버렸다. 해괴한 짓을 해서 사람들이 열광할 만한 아름답거나 놀라운 것을 만들지 않으면 성공할 수 없다. 이제 밋밋한 건 약발이 안 먹힌다. 이게 우리의 괴로움이다.

'나는 무슨 장수인가?'

이 질문을 받는 순간, 우리는 색다르고 유니크하고 가치 있는 답변이 필요하다는 생각을 비로소 하게 된다. 어쩌면 이 질문의 역할이 바로 여기에 있는지도 모른다. 그러므로 이 질문은 결코 피해가서는 안 된다. 질문을 피하면 나의 운명을 바꿀 기회를 피하는 것이 되기 때문에, 정면 승부를 걸어야 한다.

이 질문은 평소 자신이 어떤 가치를 만들어내고 있는지, 그리고 어떤 세상에 어떤 가치를 더하고 싶은지에 대해 진지하게 고민해본 사람만이 대답할 수 있다. 만약 그런 내공이 없다면 하이컨셉을 가진 사람과의 대화를 통해 뽑아내기라도 해야 한다. 생각이 없는 사람은 없지 않은가? '이 일에서 어떤 사람이 되고 싶다'는 생각은 기본적으로 모든 이의 가슴속에 다 있다. 그리고 꿈도 있다. 그 꿈의 단어를 찾기 위해 대화를 하고 섹시한 단어로 표현하면, 그때부터 그 단어가 나의 모든 것을 바꿔버린다. '능력을 보여주는 동물원'이라는 생각이 아사히야마의 모든 것을 바꿔버린 것처럼, 나의 꿈이 담겨 있고, 사람들을 열광시킬 만한 가치가 담겨 있는 단어가 있으면, 아무도 쓰지 않고 때로는 엉뚱하기조차 한 그 단어가 나의 인생을 바꿀 수밖에 없다. 그 단어가 있느냐 없느냐는 내 운명을 바꿀 준비가 돼 있느냐 없느냐와도 정확히 일치한다. 그러므로 이 질문에 답변할 수 있는지는 너무나도 중요하다.

창조는 몰입을 통해, 또 융합을 통해 '오리진'으로 거듭나는 과정이다. '오리진'은 우리 자신이 새롭게 찾아낸 가치의 이름이고, 그것은 컨셉의 형태로 세상과 소통한다. 가장 좋은 컨셉은 너무도 엉뚱하고 놀라워서 아무도 예상하지 못한 것이다. 때때로 훌륭한 컨셉은 미친 것처럼 보일 때가 있다. 고정관념과 상식을 훌쩍 뛰어넘는 것이기 때문이다.

비록 처음에는 낯설고 어색하지만, 두려움을 이기고 진심으로 새 길을 열려고 할 때 우리는 하이컨셉을 만날 수 있고, 만들 수 있게 된다. 그래서 하이컨셉은 신념과 철학이 만들어내는 것이다. 모든 창조의 뒤에는 하이컨셉이 있다.

Insight Question

운명을 바꾸고 싶은가? 그렇다면….

- 나는 어떤 가치를 통해 고객들을 열광시키고 싶은가?

- 나는 무엇을 파는 장사꾼인가?

우리 회사는 무엇을 파는 회사인가?

Inspiration Box

자판기 앞에서 생각하는 '자판기 인생'

어느 날 커피를 뽑아 마시다가 문득 종이컵에 눈길이 갔다. 컵에는 동전을 넣는 손 그림과 함께 이런 메시지가 있었다.

"자판기 인생 - 당신은 돈을 넣어야 움직입니까? 사명으로 움직입니까?"

오, 깜짝 놀랐다. 종이컵에서 이런 메시지를 보게 될 줄은 몰랐던 것이다. 반대쪽에는 이런 글이 적혀 있었다.

"세계적인 무용가 마사 그레이엄은 이렇게 말했다.
'이 세상에서 절대 용납할 수 없는 것이 있는데, 그것은 평범이다.
우리가 자기계발을 하지 않아 평범해진다면, 그것은 죄악이다.
사명으로 움직이는 사람들은 평범해질 틈이 없다.'"

놀랍게도 한 패키지에 들어 있는 종이컵 30개의 메시지가 모두 다 달랐다. 이 종이컵의 컨셉은 명확하다. '컨텐츠 종이컵!'

생각하는 종이컵

게다가 가격은 일반 종이컵과 같다. 그러니 내가 그 다음부터 어떤 종이컵을 사겠는가. 심지어 너무 감동받아서 이 회사 이름과 전화번호를 프레젠테이션 자료에 넣어서 강연할 때마다 알려줬다. 창조경영에 관심 있는 회사, 구성원들의 머리를 어떻게든 굴려보려고 절치부심하는 사장님 회장님들을 모아놓고 다이렉트로 입소문을 퍼뜨렸으니, 이 종이컵 회사는 컨셉 하나 잘 잡은 덕에 제대로 효과를 본 셈이다.

일하다 잠시 휴식을 취하기 위해 찾는 커피 자판기. 이 종이컵은 자판기라는 공간에 대한 관찰과, 거기에 무엇을 더할까를 고심한 생각의 결과물이다. 종이컵 하나가 '인생을 생각하는' 사색의 시간을 선사한 것이다.

High Touch

6

내가 먼저 주면,
그가 내 것이 된다

Fom remarkable to ORIGIN

연탄 한 장

안도현

또 다른 말도 많고 많지만
삶이란 / 나 아닌 그 누구에게
기꺼이 연탄 한 장 되는 것

방구들 선득선득해지는 날부터 이듬해 봄까지
조선팔도 거리에서 제일 아름다운 것은
연탄차가 부릉부릉
힘쓰며 언덕길 오르는 거라네
해야 할 일이 무엇인가를 알고 있다는 듯이
연탄은, 일단 제 몸에 불이 옮겨 붙었다 하면
하염없이 뜨거워지는 것
매일 따스한 밥과 국물 퍼먹으면서도 몰랐네
온 몸으로 사랑하고 나면
한 덩이 재로 쓸쓸하게 남는 게 두려워
여태껏 나는 그 누구에게 연탄 한 장도 되지 못하였네

생각하면
삶이란 / 나를 산산이 으깨는 일
눈 내려 세상이 미끄러운 어느 이른 아침에
나 아닌 그 누가 마음 놓고 걸어갈
그 길을 만들 줄도 몰랐었네, 나는

High Touch

"하이터치는 공감을 끌어내는 능력이다."
–다니엘 핑크, 《새로운 미래가 온다》 저자

《시크릿》 이야기에서 내가 얻은 것

《시크릿(The Secret)》이란 책을 읽어보셨는가?

이 책은 이 세상을 가장 성공적으로 살다 간 1%의 사람들만 알고 있는 성공의 비밀을 말하는 책이다.

사람들이 너무나도 갈망하는 주제를 다루고 있어 세계적으로 큰 반향을 일으켰고, 나도 그것이 궁금하여 들여다보지 않을 수 없었다. 하지만 그 책을 읽고 나서도 성공의 비밀을 명확하게 이해하기가 그리 쉽지만은 않다. 내가 책을 읽고 생각하고 알아낸 성공의 원리는 이런 것이다.

그 책에는 이런 얘기가 나온다. 이 세상의 모든 것은 '에너지'로 구성돼 있고, 에너지끼리는 서로 끌어당긴다는 것이다. 이것을 '끌어당김의 법칙(law of attraction)'이라 한다. 예컨대 사람들도 모두 에너지로 이루어져 있기 때문에 서로 강력히 끌어당기기도 하고, 강력히 밀어내기도 한다. 또 '미모'도 에너지이기 때문에 예쁜 여성이 있으면 그 미모에 다 끌려온다. 말릴 수가 없다. 돈도 마찬가지다. 돈이 많으면 사람들이 모여들게 되어 있다. 게다가 부자가 돈을 적절히 쓸 줄 알면 사람들이 더 몰려든다. 권력도 엄청난 에너지이기는 마찬가지다. 그렇기에 권력가의 주변에는 사람들이 차고 넘치게 되어 있다.

자, 그러면 미모도 없고 돈도, 권력도 없는 우리 같은 평범한 사람들은 아무도 끌어당길 수 없다는 말인가? 만일 끌어당김의 법칙이 그런 것이라면 대단히 슬프고 절망적인 법칙일 것이다. 하지만 다행히도 그렇지는 않다. 그런 것이 없어도 세상을 끌어당길 방법은 많이 있다.

가령 내가 어떤 사람에게 활짝 미소를 보내주면 나에게 호감을 보내온다. 또 내가 따뜻하게 배려를 해주면 그 사람이 나에게 고맙다는 에너지를 보내온다. 또 내가 그 사람에게 진심어린 칭찬을 보내면, 그 사람은 내게 보답이라는 에너지를 보내올 것이다. 이처럼 보답의 에너지를 받는 데는 중요한 원칙이 있다. 그것은 내가 '먼저 주는' 것이다.

누군가를 끌어당기려면, 내가 먼저 줘야지 그냥 맨입으로는 안 된다.

뭘 주는가 하면, 내가 줄 수 있는 것을 다 줘야 한다. 즐거움도 주고, 꿈과 판타지도 주고, 세상을 아름답게 하는 좋은 생각도 주고, 그들이 이루고 싶은 것을 이루어주고… 또 어려울 때 도와주고, 예상하지 못한 시간과 장소에서 무엇인가 소중한 것을 먼저 주어야 한다. 그래야 그 사람의 마음이 내게 온다. 내가 먼저 많이 줄수록 손해인 것 같지만, 역설적으로 상대의 마음을 움직이게만 만들 수 있다면 더 큰 것이 돌아오게 돼 있다. 이것이 세상의 이치이고, 내가 해석한 1% 성공한 사람들만 알고 있었던 성공의 비밀이다.

남자화장실을 통해 본 하이터치의 세계

공중화장실의 가장 큰 고민은 단연 '청결'이다. 특히 남자화장실은 웬만해서는 바닥이 깨끗하게 유지되기 어렵다. 음… 너무 가까이 다가가면 옷에 튈지 모른다는 두려움 때문에 거리를 떼게 되고, 그러면 바닥에 몇 방울이 떨어지고, 그것을 밟고 다니면 얼룩이 지기에, 늘 닦아도 늘 얼룩이 남는다. 그래서 남자화장실은 '한 걸음 다가서게 하는 전쟁 중'이라 해도 과언이 아니다.

이에 따라 다양한 아이디어가 만발했다. "남자가 흘리지 말아야 할 것은 눈물만이 아니다."부터 시작해서, 참 많다. 이 모든 아이디어 중 최고는 과연 어떤 것일까? 호기심에 온갖 화장실의 아이디어를 다 모아놓고 최고를 골라보았다. 그중 내가 고른 최고는…………

축구골대가 있는 소변기

소변기 안에 조그만 축구골대를 세워놓은 것이다.

그리고 이 골대 앞에는 축구공이 한 개 놓여 있다.

자, 당신이 보통의 남자라면 어디를 겨냥하겠는가?

그렇다. 당연히 축구공이다. 이 공을 움직여서 통쾌한 골을 넣으려고 할 것이다. 하지만 불행하게도 이 공은 고정돼 있다. 절대로 움직일 수는 없다. 변기를 사용하는 남자들도 이 사실을 다 안다. 하지만 남자들은 순간적으로 이런 생각을 한다.

'혹시 내가 한발 더 다가가서 수압을 높인다면, 이 공이 움직이지 않을까?' 하고 말이다.

내가 이 소변기를 최고로 생각하는 이유는 다음과 같다.

첫째, 이것을 생각해낸 사람은 우선 남자를 알고 있기 때문이고,

둘째, 남자들이 무엇을 좋아하는지를 알고 있기 때문이다.

이처럼 사람들이 좋아하고 공감하는 것이 무엇인지를 찾아내어, 그들에게 다가서서, 먼저 주는 것. 이것이 하이터치(high touch)다.

우리는 '하이터치'라는 용어를 오랫동안 써왔다. 특별한 서비스를 만들고 싶을 때 하이터치라는 말을 썼고, 특별한 제품을 기획할 때 하이터치라는 용어를 사용했다. 하지만 하이터치가 무엇이냐고 막상 물어보면 누구라도 쉽게 답하기는 어렵다. 왜 어려울까?

하이터치라는 단어가 어려워서가 아니라, 사람들이 좋아하고 공감할 요소를 찾아내는 것이 어렵기 때문이고, 그들에게 다가서서 먼저 주는 것이 어렵기 때문이다. 그러하기에 하이터치라는 단어를 누구나 사용하지만, 진정한 하이터치는 만들어내기 쉽지 않다.

다시 말하지만, 하이터치는 내가 먼저 주는 것이다. 그렇다면 무엇을 주어야 할까?

정답을 정할 수는 없지만, 다니엘 핑크(Daniel Pink)는 그의 저서《새로운 미래가 온다(A Whole New Mind)》에서 하이터치의 몇 가지 루트를 제시해주고 있다. 이제부터 그가 제시한 루트를 따라 하이터치의 세상으로 가는 길을 찾아내보자.

하이터치, 첫 번째로 주어야 할 것 : '웃음, 재미 그리고 약간의 야함과 역발상'

여기 머그잔이 있다. 그리고 그 안에는 남녀 누드가 있다. 이런 세상에! 커피가 가득할 때는 머리밖에 안 보이지만, 마실수록 점점 보고 싶은 걸 볼 수 있게 된다. 그래서 이 잔의 이름도 "Undress Me(나를 벗겨주세요)"이고, 슬로건은 아예 "Drink more, See more(더 많이 마시면, 더 많이 보인다)!"다. 만약 커피전문점에서 이렇게 야하고 즐거운 컵을 사용한다면 고객들이 커피를 마시고 자리를 비우는 시간, 즉 점포의 회전율이 얼마나 빨라질까 생각하니, 슬며시 미소가 지어졌다.

이 잔을 보니 불현듯 나의 중학교 시절이 생각났다. 중학교에 다닐 때, 나는 인기가 아주 좋았다. 그 이유는 내가 잘나서가 아니라, 특별한 물건을 하나 가지고 있었기 때문이다. 볼펜 한 자루였는데, 거꾸로 들면 '촤라락~' 하고 커튼이 내려오며 여자 누드가 나타나는 볼펜이었다. 지금 생각해보면 실사(實寫)도 아닌 조잡한 일러스트에 불과했지만, 중학생 남자아이들의 시선을 빼앗기에는 충분했다. 그래서 어떻게든 그 볼펜 한번 보려고 친구들이 줄을 섰던 기억이 난다. 나는 평소에는 엄청 튕기면서 안 빌려주다가, 누군가 한 명을 휘어잡아야겠다 싶으면 그 애한테만 특별히 1시간씩 빌려주곤 했다. 그러면 그 아이는 수업시간 내

누드 머그잔

내 뒤집고 또 뒤집고, 그 옆자리 애들도 그걸 훔쳐 보느라 수업이 안 될 지경이었다.

우리에게는 모두 그런 추억이 있다. 그렇게 재미있게 놀았던 기억이. 그런데 그 볼펜 속 누드가 그대로 위치이동해서 머그잔으로 옮겨오는 데 얼마의 시간이 걸렸느냐 하면, 자그마치 50년이 걸렸다. 이 사건(?)은 내가 경험한 기쁘고 즐거운 일들은 대부분 거기서 끝나게 되고, 그것으로 다른 사람을 기쁘고 즐겁게 해주는 데 활용하기가 얼마나 어려운지를 상징한다. 하지만 우리가 마음을 조금만 바꾼다면 약간의 웃음과 재미, 야함과 역발상은 찾아낼 수 있고, 그것들은 하이터치의 문을 열게 해줄 것이다.

'방귀 뀌는 휴지걸이' 도 재미있는 사례다. 어느 외국 회사가 내놓은 엉덩이 모양의 휴지걸이가 있다. 성별은 알 수 없지만, 재미있는 형상이다. 모양뿐 아니라, 휴지를 한 장 뽑으면 방귀 뀌는 소리가 난다. 웃음이 나오지 않을 수 없다. 현재는 여기까지이지만, 아마 곧 향기가 추가될 것이다. 휴지를 뽑으면 방귀 소리와 함께 향기로운 냄새까지 날 것이다.

그런데 만약 당신이 이런 생활용품 회사의 사장이고, 직원들이 엉덩이 모양의 방귀 뀌는 휴지걸이에 대한 아이디어를 가져온다면, 당신은 제품개발에 대한 승인을 해주겠는가?

아마도 쉽지는 않을 것이다. 왜냐하면 회사도 체면이 있기 때문이다. 혹시라도 소비자들로부터 선정적이라고 비판받거나 품위 없는 것을 만들었다고 질책당할지도 모르기 때문이다. 이처럼 하이터치는 남이 만든 것을 보고 즐기기는 쉽지만, 막상 내가 만들기는 쉽지 않다. 하이터치에는 '과감함'과 '용기'가 필요하다.

하이터치, 두 번째로 주어야 할 것 : '인간관계의 미묘한 감정을 풀어주는 것들'

아주 웃기는 물건이 있다. 볼펜꽂이인데, 볼펜을 집어넣으면 첫째, 모션이 있다. 고개를 번쩍 든다. 둘째, 사운드가 있다. '아악~!' 외마디 비명을 질러댄다. 단지 볼펜 하나를 꽂았을 뿐인데 말이다. 이 재미있는 제품의 이름은 '김 부장 똥침 볼펜꽂이'다. 누가 만들었는지 모르지만,

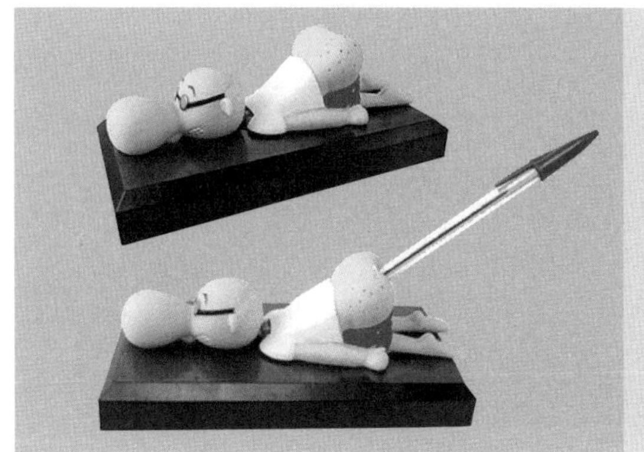
김 부장 똥침 볼펜꽂이

직장생활을 제대로 해본 것 같다. 이 웃기는 제품이 직장인들 사이에서 인기라고 한다. 왜 그럴까?

그 이름처럼 나를 괴롭히는 상사가 미워서 은밀한 복수를 꿈꾸기 때문일까?

아마도 그것은 아닐 것이다. 그냥 재미있어서가 아닐까.

이 웃기는 제품을 만들 수 있었던 것은 물론 보이지 않는 것을 보는 섬세함이 있었기 때문이다. 보이지 않는 것 중에서도 사람들 사이에 가로놓인 미묘한 감정들을 볼 수 있다면 그것은 커다란 능력이다. 우리는 거의 모든 분야에서 아이디어의 한계를 맞고 있다. 그것을 돌파할 수 있는 또 하나의 길은 인간관계와 그 속에 있는 미묘함을 들여다보는 것이다. 그러면 새로운 제품의 컨셉을 찾을 수 있을 것이다.

하이터치, 세 번째로 주어야 할 것 : ‘사람들이 공감하고 행동할 의미와 명분’

예전에 스타벅스 매장에서 안 쓰는 장난감을 가져오면 커피 한 잔을 무료로 준 적이 있다. 많은 엄마들이 장난감을 싸들고 아이 손을 잡고 버스를 타가면서 스타벅스에 왔다. 그녀들은 왜 그런 번거로운 일을 했을까?

억척스러워서일까? 아니면 스타벅스 한 잔에 그만큼의 가치가 있다고 생각해서일까?

아니다. 그들은 자신의 작은 수고로 장난감을 가질 수 없는 아이들에게 작은 기쁨을 줄 수 있다는 ‘행복한 마음’ 때문에 움직인 것이다. 나아가 자신의 아이들에게 이렇게 가르치고 싶어서였을 것이다. “네가 더 이상 쓰지 않는 장난감을 그냥 썩혀두는 것보다, 친구들과 함께 나눌 수 있다면 훨씬 더 아름다울 거야.”

이 캠페인에 동참한 사람들은 다음의 생각을 가지고 있는 사람들이다.

‘비록 내가 돈을 주고 샀지만 쓰지 않는 장난감 정도는 기꺼이 나눌 수 있고, 그것이 옳은 일이다.’

공감(共感). 느낌, 감정, 감성을 공유한다는 것.

스타벅스가 했던 캠페인은 이런 신념을 가지고 있는 사람들을 공감하게 만들었고, 또 움직이게 만들었다. 사람들에게 그들이 옳다고 믿는 행동을 할 기회를 주는 것은 아무나 할 수 있는 일이 아니다. 하이터치의 고수들만이 쓸 수 있는 특수기술이다.

미국에 그린마운틴(Green Mountain)이라는 커피 회사가 있다. 우리에겐 생소한 이름이지만, 〈포브스〉가 뽑은 '미국 최고의 중소기업' 명단에 오르기도 한 탄탄한 커피회사다. 또한 가장 '착한' 기업이기도 하다. 실제로 미국의 시골마을 버몬트에서 전 직원 600명이 일구어가는 이 기업은 HP, 모토로라 같은 쟁쟁한 대기업들을 물리치고 '가장 윤리적인 기업'으로 선정되었다.

사실 우리가 매일같이 즐기는 커피는 생산자들의 피와 한(恨)이 어린 응축물이다. 커피 산업의 대형 브랜드들은 중남미의 생산자들을 압박해서 커피 원두를 헐값에 산다. 보통 1파운드에 50센트 정도의 말도 안 되는 가격이지만, 워낙 많이 사니까 생산자들이 꼼짝을 못한다. 그런데 그린마운틴이라는 회사는 남들보다 3배나 비싼 가격에 구입한다. 똑같은 재료를 3배나 비싸게 사니까 그린마운틴은 원가경쟁력이 없는 회사다. 시장논리로는 진즉에 망했어야 옳다. 그런데 이 기업이 망했나? 안 망했다. 지금도 승승장구 장사 잘하고 있다. 왜냐하면…

이들은 '공감'이라는 게 뭔지 알기 때문이다.

그린마운틴의 컨셉은 '공정무역(fair trade)'이다. 값싼 제품이 좋다고 생각하던 소비자. 그들이 어느 날 문득 속사정을 들여다보니, 그럴듯해 보이는 완제품을 생산하는 과정에서 제3세계 노동자들이 형편없이 착취당하고 있다는 사실을 알게 된 것이다. 몰랐을 때는 어쩔 수 없다 해도, 일단 그 사실을 알고 나니까 왠지 찜찜하다. 예전처럼 아무렇지도 않게 물건을 사기에는 양심이 찔린다.

이런 소비자들에게 공정무역은 죄책감을 씻을 수 있는 좋은 대안이 된다. 그린마운틴은 이렇게 말한다. "저희가 가봤더니 생산자가 너무 불쌍합니다. 농장 주인들은 그래도 먹고사는데, 농장에서 일하는 사람들은 대대손손 일해도 그곳에서 절대 벗어날 수 없는 저임금 구조 속에 착취당하고 있어요. 보다 못한 저희가 '돈을 3배로 줄 테니, 추가금액은 노동자들에게 주라'는 조건으로 비싸게 원두를 사게 되었습니다. 노동자들이 그들의 운명을 스스로 개척할 수 있도록 돕기 위해서지요." 그래서 그린마운틴 커피는 값이 비싸졌기에, 소비자들에게 이렇게 말한다.

"그래서 저희 커피는 1달러 더 비쌉니다."

1달러 더 비싼 커피. 그래도 사람들은 그린마운틴 커피를 산다.

"어, 얘네 봐라. 그냥 비싼 게 아니잖아. 생각이 있는 커피네. 착한 커피네." 하고 기특해하면서.

생각해보라. 이 커피를 안 사면, 그린마운틴이 망할 것이고, 그러면 그린마운틴뿐 아니라 힘들게 일하는 제3세계 농민들이 스스로의 운명을 바꿀 기회를 잃고 만다.

그 차이가 겨우 1달러라면, 자신이 부담하겠다는 심리가 발동하는 것이다.

그린마운틴의 공감은, 원료구매를 잘못 해서 땜빵(?)으로 쓴 기술이 아니다. 이 회사에는 처음부터 공감의 힘, 사람들을 움직이는 게 뭔지를 아는 '공감 디자이너'가 있어서, 처음부터 공정무역이라는 컨셉으로 만들어낸 것이다. 사람들이 합리적인 소비를 하지만, 합리보다 위에 있는 게 대의명분이다. 그 대의명분이 가치가 있으면 부담을 지고 기꺼이 지갑을 연다. '그까이꺼 1달러 정도라면 내가 한다'는 공감의 세계가 있다는 걸 그린마운틴은 안 것이다. '공감'으로써 사람들의 마음을 터치하면, 사람들을 극도로 흥분시키고 열정의 도가니로 만들 수 있다.

공감에는 그런 능력, 사람들을 열광시키는 '티핑 포인트(tipping point)'로서의 능력이 있다.

하이터치, 네 번째로 주어야 할 것 : '꿈과 판타지'

하이터치는 기본적으로 내가 가진 것을 주는 기술이다. 그런데 주고 싶은 마음은 굴뚝같은데 내게 줄 것이 없을 때도 있다. 보통 사람들은 이 정도면 '유감이다' 하고 포기해버리는데, 몇몇 특수기술자들은 없으면 만들어서라도 준다.

무엇을? 이를테면, 판타지 같은 것을. 예를 들면 이런 것이다.

일본 마에다(前田) 건설의 그 이름도 황당한 '마징가Z 기지 건설 프로젝트!'

대한민국을 대표하는 로봇이 '태권V'라면, 일본은 단연 '마징가Z'다. 오늘날의 30~40대들은 모두〈마징가Z〉를 보며 성장했다. 지금 속으로 "기운 센 천하장사! 무쇠로 만든 사람~" 하고 흥얼거리고 있다면, 당신도 세월의 풍파를 어느 정도 겪은 나이라고 해도 틀리지 않을 것이다.

나쁜 놈이 나타나면 수영장의 물이 홍해처럼 갈라지고, 마징가Z가 늠름한 위용을 뽐내며 솟아오른다. 연구소에서 출동한 쇠돌이의 비행체와 합체되며 두 눈을 번쩍이는 순간, 가슴에 빛나는 찬란한 V! 출동 준비를 마친 마징가Z가 두 팔을 치켜들면, 어린이들은 마치 자신이 쇠돌이라도 된 것마냥 심장이 두근거렸다.

그로부터 30년도 더 지난 2003년, 마에다 건설에 '판타지 영업부'라는 부서가 생겼다. 인원은 불과 4명. 이 회사에서 가장 똑똑한 직원들로 구성된 이 부서에 떨어진 미션은 애니메이션〈마징가Z〉의 출동기지 건설에 필요한 연구를 하는 것이었다. 비록 마징가Z는 없지만, 출동기지는 만들 수 있지 않겠는가 하는 것이다.

마에다는 일본을 대표하는 건설회사다. 도쿄만 아쿠아라인 인공섬, 요코하마 베이브리지 등 일본에서 역사적 의미가 있는 대공사를 진행해 온 유서 깊은 기업으로, 첨단 건설공법의 선두주자로 이름을 알려왔다. 그런 곳에서 이런 이상한 일을 벌인 것이다.

사람들이 어떻게 생각하든, 프로젝트에 착수한 이들은 진지하게 자료를 분석하고 관련회사에 협조를 구하며, 말 그대로 애니메이션 속의 '환상'을 현실로 구체화하기 시작했다. 아울러 웹사이트를 개설해 일반인에게 프로젝트 진행과정을 공개하는 한편 '재야의 고수'들의 조언을 수렴하는 데도 공을 들였다.

그 결과 수많은 디테일들이 쌓이기 시작했다. 마징가Z의 평균 출동시간이 10초라는 사실을 알아냈고, 10초 안에 수영장 물 300톤을 배수하는 동시에 격납고 엘리베이터가 올라가서 마징가Z 출동이 가능해야 한다는 것도 알아냈다.

입지 선정의 디테일은 더욱 대단하다. 원작만화가 지정한 기지 위치는 '후지산 남쪽.' 이에 따라 후지산을 샅샅이 뒤진 끝에 적합한 입지를 찾아냈고, 자세한 설계도면도 완성했다. 건설에 필요한 예상 소요기간은 6년 5개월. 누구라도 72억 엔만 들고 오면 마징가Z 출동기지를 만들 수 있는 상태에서 프로젝트는 종료되었고, 판타지 영업부는 후속 프로젝트로 〈은하철도 999〉에 나오는 기차 발사대 건설 연구에 뛰어들었다.

이쯤에서 이런 질문이 튀어나올 것이다. "아니, 정말로 건설하는 것도 아니고, 가장 똑똑한 직원들을 불러다놓고 왜 이런 말도 안 되는 프로젝트를 맡긴 것인가?"

일본에는 '마징가Z 세대'가 있다. 30~40대 남성들은 모두 어릴 때 〈마징가Z〉를 보며, 주제가를 따라 부르며 꿈과 희망을 키워왔다. 이들이 기지 건설 프로젝트 소식을 듣고 그냥 지나칠 수 있었을까? 다들 웹사이트에 몰려들어서 자신이 어릴 적 만화를 봤던 얘기며 각종 정보, 그 시절의 꿈, 희망 같은 것을 털어놓기 시작했다. 게시글이 폭주해 한때 사이트가 다운될 정도로, 일본인들의 반응은 열광 그 자체였다. 프로젝트 결과물은 나중에 책으로도 출간돼 또 한 번 화제를 불러일으켰다.

프로젝트를 추진한 마에다 건설의 진정한 노림수는 '이미지 제고'였다. 야쿠자가 개입한다는 등 건설사를 바라보는 부정적 시각을 탈피하기 위한 고뇌의 산물이었다. 마침 혼다(Honda)에서 인간형 로봇 '아시모'를 발표하는 것을 보고, 마에다의 기획부 직원은 스스로에게 이렇게 물었다. '왜 건설회사는 저런 일을 하지 못할까?'

그 의문은 곧 '우리라고 못할 게 있는가'로 바뀌었고, 일본 열도를 열광시킨 프로젝트로 발전했다. 마에다의 이미지가 획기적으로 제고된 것은 물론이다. 프로젝트 진행 이후 취업 희망자가 구름처럼 몰려들었고, 예산 한 푼 들이지 않고 1억 엔 이상의 홍보효과를 거두는 놀라운 결과를 낳았다.

마에다 건설은 하이터치를 아는 회사다. 아무도 주지 않는 판타지를 선사하기로 결심하고, 판타지 사업부를 만들어낸 놀라운 회사다. 만화 영화에 나오는 로봇 기지를 만드는 재미있는 프로젝트를 디자인했고, 그런 일이 사람들의 가슴에 어떤 불을, 얼마나 큰 불을 지를지 상상하고 예상할 줄 아는 하이터치 디자이너들이 있는 회사다.

이 세상을 가장 성공적으로 살다 간 1%의 사람들만이 알고 있었던 성공의 비밀은, 결국 예상치 않은 것을 내가 먼저 주는 것이었다. 받기는 쉽지만 주기는 너무도 어렵다. 그 누구도 주지 못한 것을 주어야 하고, 그것도 특별한 방식으로 주어야 하기 때문이다. 하이터치를 통해 본 '오리진'은, 누구도 예상치 못한 것을 찾아내서 '나다운(original)' 방법으로 주는 것이다.

요즘 기업들에서 유행하는 체험 마케팅의 철학도 '먼저 주고, 나중에 팔겠다'는 것이라 할 수 있다. 또 문화 마케팅은 제품만 팔기보다는 그 속에 문화와 예술 같은 아주 특별한 인센티브를 얹어서 주자는 것이다. 이처럼 비즈니스의 고수들은 끊임없이 그들의 고객들에게 예상하지 못한 선물을 선사하려 하고 있다. 우리는 어떤 것을 줄 수 있고, 또 어떻게 주어야 할까?

Insight Question

운명을 바꾸고 싶은가? 그렇다면….

- 내가 만들 수 있는 '웃음, 재미 그리고 약간의 야함과 역발상'은 어떤 것들인가?

- 내가 만들 수 있는 '인간관계의 미묘한 감정을 풀어주는 것들'은 어떤 것들인가?

- 내가 만들 수 있는 '사람들이 공감하고 행동할 의미와 명분'은 어떤 것들인가?

- 내가 만들 수 있는 '꿈과 판타지'는 어떤 것들인가?

Inspiration Box

줄탁동시(啐啄同時)

어미가 품에 안은 알 속에서 조금씩 병아리가 자랐다.
이제 세상 구경을 해야 하는데, 알은 단단하기만 하다.
병아리는 나름대로 공략부위를 정해 쪼기 시작하지만, 힘에 부친다.
이때 귀를 세우고 그 소리를 기다려온 어미닭은 그 부위를 밖에서 함께 쪼아준다. 답답한 알 속에서 사투를 벌이던 병아리는 어미의 도움으로 비로소 세상 밖으로 나오게 된다.

이처럼 병아리가 안에서 쪼는 것을 '줄(啐)'이라 하고,
밖에서 어미닭이 그 소리를 듣고 화답하는 것을 '탁(啄)'이라 한다.
그리고 이 두 가지가 동시에 발생해야 일이 완성될 수 있다는 고사성어가 바로 '줄탁동시(啐啄同時)'다.

참으로 세상을 살아가는 데 꼭 필요한 가르침이자 매력적인 이치가 아닐 수 없다.

행복한 가정은 부부가 '줄탁동시'할 때 이루어지고,
훌륭한 인재는 사제(師弟)가 '줄탁동시'의 노력을 할 때 탄생하며,
세계적인 기업은 경영자와 구성원이 '줄탁동시'할 때 가능한 것이다.
또한 국가의 번영에도 '줄탁동시'의 이치를 공유하고 함께 노력할 때 성공과 발전이라는 열매가 열린다.

이렇듯 '줄탁동시'를 이루어내기 위해서는 조건이 있다.

첫째, 내가 먼저 변화해야 한다.
어느 방송국의 로고송에 있듯이, 세상의 이치는 '기쁨 주고 사랑받는'의 순서이지, '사랑받고 기쁨 주는' 순서로 돌아가는 것이 아니다. 상대로부터 '화답'이라는 선물을 받으려면, 고뇌와 헌신을 듬뿍 담아 상대가 기뻐할 일을 만들어내야 한다. 가정이라면 배우자가 기뻐할 일을 준비해야 하고, 기업이라면 새로운 가치를 만들어내야 한다.

둘째, 경청해야 한다.
어미닭이 아기 병아리가 부화할 준비가 되었는지 알려면, 또 어느 부위를 두드릴 것인지를 알려면, 먼저 신호(signal)를 잘 듣고 있어야 한다. 그래야 병아리에게 필살의 도움을 줄 수 있고, 함께 기쁨을 만들 수 있다. 가족의 소리, 고객의 소리, 국민의 소리를 경청하

지 않으면 위대함이란 만들어지기 어렵다.
'남의 말에 귀 기울이는 것은 선물을 받는 것과 같다'는 말이 있다. 이 말의 맥락에서 보면, 경청하지 않는 것은 받은 선물을 아무렇게나 뜯어서 던져두는 것과 같다. 그런 이에게 다시 선물을 건네줄 사람이 있을까?

셋째, 타이밍이 중요하다.
아무리 좋은 가치를 창조한다 해도, 상대가 갈망하는 때를 잘 맞추지 못하면 낭패를 보기 십상이다. 새로운 고객가치에 소비자들이 목말라할 때 제품과 서비스를 제공해야 고객이 보내는 열광과 감동의 화답을 받을 수 있다. 많은 이들이 열망하는 '위대한 기업'이란 결코 멀리 있다고 생각하지 않는다.
'고객과 함께 손을 맞춰 박수 칠 수 있는 기업'이 바로 위대한 기업 아닐까.

넷째, 지속적인 노력이 있어야 한다.
우리 모두는 알고 있다. 나의 노력이 항상 인정받을 수는 없다는 것을…. 내가 알의 안쪽을 쪼았다고 해서 반드시 상대가 바깥쪽을 쪼아주는 것은 아니다. 어느 경우에는 하염없이 기다려야 하고, 심지어 상대가 묵묵부답이어서 내 노력이 무위로 돌아갈 수도 있다. 기업의 경우도 마찬가지다. 필사의 노력으로 새로운 제품을 만들었다고 해서 늘 히트상품이 될 수 있는 것은 아니다.

'줄탁동시'의 묘(妙)는 기다림에 있다.

세상의 화답을 받을 '진실의 순간(moment of truth)'을 만들기 위해서는 늘 준비하는 자세가 필요하다.

안과 밖, 명(明)과 암(暗), 나와 너…

이 두 가지가 만나 새로운 열정과 에너지를 창조하는 원리.

'줄탁동시'를 화두로 하이터치의 묘수를 풀어보는 것은 어떨까.

High Soul

7

마음의 벽을 깨라

From remarkable to ORIGIN

담쟁이

도종환

저것은 벽
어쩔 수 없는 벽이라고 우리가 느낄 때
그때
담쟁이는 말없이 그 벽을 오른다
물 한 방울 없고 씨앗 한톨 살아남을 수 없는
저것은 절망의 벽이라고 말할 때
담쟁이는 서두르지 않고 앞으로 나아간다
한 뼘이라도 꼭 여럿이 함께 손을 잡고 올라간다
푸르게 절망을 다 덮을 때까지
바로 그 절망을 잡고 놓지 않는다
저것은 넘을 수 없는 벽이라고 고개를 떨구고 있을 때
담쟁이 잎 하나는 담쟁이 잎 수천 개를 이끌고
결국 그 벽을 넘는다.

지금까지의 공부를 요약해보면, 우리는 창조적인 플레이를 통해 사람들에게 예상하지 못한 새로운 시간과 공간을 선사해야 하고, 그러기 위해서는 두 개 이상의 세계를 융합하는 것이 새것을 만드는 지름길임을 알아보았고, 모든 새로운 것에는 새로운 가치를 상징하는 컨셉이 필요하다는 것을 확인하였다.

예를 들자면, 오리온에서 만든 '마켓 O'는 세계 어디에 내놓아도 자랑스러운 과자의 명품(名品)이다. 나는 리얼 브라우니와 순수감자 프로마즈가 너무 맛있고 좋다. 이 과자의 컨셉은 '자연이 만든 순수과자'이고, '마켓 O'의 'O'는 '유기농(organic)'과 '자연'을 상징한다. 이 과자를 먹을 때 나는 즐겁고 행복하며, 여기에 덧붙여 '안심의 시간'과 '탈(脫) 비만의 시간'을 선사받는다. 나는 이 과자가 '과자+자연'을 융합해낸 무척이나 대담한 생각의 산물이라고 믿는다. 모든 창조의 바탕에는 바로 이러한 생각들이 있다. 그 생각들은 남다른 것이며, 신념이 녹아 있는 것이며, 강렬한 의지가 담긴 '가치 있는 생각'이다. 나는 이처럼 특별한 생각은 특별하게 불러주어야 한다고 생각한다.

내가 정한 그것의 이름은 바로 '소울(Soul)'이다.

어느 나그네가 길을 가던 중 3명의 석공이 일하고 있는 것을 보았다. 그들은 각자 땀을 뻘뻘 흘리며 큰 돌들을 다듬고 있는 중이었다. 나그네가 물었다.

"지금 뭘 하고 있는 중입니까?"

첫 번째 석공이 답했다. "보면 몰라요? 돌을 다듬고 있지 않습니까."

두 번째 석공이 답했다. "성당 짓는 데 쓰일 석재를 다듬는 중입니다."

그렇다면 세 번째 석공은 어떻게 답했을까? 그는 이렇게 말했다.

"신을 모실 성스러운 공간을 짓고 있는 중입니다."

이 세 사람 사이에는 엄청난 차이가 있어 보인다. 그것을 무엇이라고 설명하면 좋을까? 작게 말하자면 그들 사이에는 '생각의 차이'가 있다. 또 거창하게 말하자면 그들은 서로 '세계관'이 다르다. 하지만 냉정하고 분석적으로 말하자면, 그들은 '소울'의 높이가 서로 다르다.

첫 번째 석공은 자신이 하는 행동을 얘기했다. 이 사람은 단순하고 꾸밈이 없다. 모든 것을 '일'로 바라본다. 지금 당장 하는 일 그 자체가 중요한 '기능의 소울'을 가진 것이다. 즉 낮은 소울(low soul)을 가지고 있다.

두 번째 석공은 지금 하는 일의 목표를 설명했다. 힘들게 돌을 다듬는 이유가 성당을 짓는 것임을 분명히 인식하고 있다. 하지만 그 목표는 조직의 것이지, 자신의 것은 아니다. 그는 '목표의 소울'을 가졌다고 할 수 있다. 중간 정도의 소울(middle soul)을 가진 것이다.

세 번째 석공, 이 사람은 '가치의 소울'을 가진 사람이다. 자신이 만드는 곳이 어떤 의미의 공간이며, 그 공간이 선사할 시간이 어떤 것인지를 알고 있다. 그래서 그는 스스로 사명을 발견해내며, 시키지 않아도 일의 가치를 높인다. 그는 '하이소울(high soul)'을 가진 사람이고, 그래서 창조적이다.

소울의 높이가 우리의 운명을 결정한다. 그것은 우리의 관점을 껍데기에 머물도록 놔두지 않고 근원과 본질로 이끌기 때문이다. 소울이 높으면 자잘한 것들에 발목 잡히지 않고 내가 닿을 수 있는 최고 높이까지 단번에 뛰어오를 수 있다.

모든 창조자는 하이소울의 보유자다. 운명을 바꾼 사람들은 생각의 높이, 신념의 높이, 사명의 높이가 높다. 결국 높은 생각과 신념과 사명이 우리에게 창조의 배수진을 치게 한다. 그래서 우리를 도전하게 만들고, 싸우게 만들고, 끝내 이겨내게 만든다. 그런 점에서 보면 하이소울은 창조의 어머니다.

아이팟과 여타 MP3 플레이어의 차이를 만드는 것은 무엇일까? 또 루이비통(Louis Vuitton)과 다른 핸드백의 차이를 만드는 것은? 또 우리가 아는 모든 명품을 만드는 가장 근원적인 힘은 무엇일까? 명품을 명품답게 만드는 것은 바로 그 속에 들어 있는 하이소울이다.

아이팟 속에는 스티브 잡스의 특별한 소울이 들어 있고, 그것은 여타 회사의 사업 책임자가 가지고 있는 것보다 훨씬 높다. 스티브 잡스는 보통 사람보다 훨씬 강렬하게 미치도록 아름답고 놀랍도록 편리한 제품을 꿈꾼다. 누구든 무림 최고수가 되고 싶다면, 무림 최고수들이 가지고 있는 소울을 가져야 한다.

물론 하이소울의 세계에 정답은 없다. 다만 수많은 성공사례를 들여다보면 다음의 5가지 키워드를 찾아낼 수 있다.

하이소울의 첫 번째 키워드 : '미치도록 아름다운'

2007년 가을, 나는 지인들과 함께 프랑스의 수도 파리를 방문했다. 오랜만에 다시 보아도 여전히 파리는 밤낮없이 너무나 아름다웠다. 그 눈부신 자태에 반하여 부지불식간에 혼잣말로 중얼거렸다.

"파리는 왜 이렇게 아름다울까?"

그런데 안내를 담당하던 가이드 선생이 이 어리석고 자조 섞인 질문에 예상치 못한 무척 흥미로운 대답을 해주었다.

"파리 사람들의 생각이 우리와는 다르기 때문이지요!"

깜짝 놀라서 얼떨결에 "어떻게 다른데요?" 하고 물었다. 이 질문에 대한 그의 대답은 정말 간결하면서도 시사적이었다.

"파리 사람들의 가슴속에는 '불편한 것은 얼마든지 참아도 아름답지 않은 것은 절대 못 참는다'는 생각이 있지요. 하지만 우리나라 사람들의 가슴속에는 '아름답지 않은 것은 얼마든지 참을 수 있어도, 불편한 것은 절대 못 참는다'는 생각이 있잖아요. 그 생각의 차이가 오늘날 파리를 만들었죠."

파리는 지금으로부터 약 150년 전인 19세기 중반에 현재와 같은 모습이 형성되었다. 이 오래된 도시가 세계 사람들에게 여전히 감동을 주는 이유는 단 하나다. 상상할 수 없는, 또 세계 어디에서도 쉽게 찾아볼 수 없는 아름다움을 가지고 있기 때문이다.

우리가 하는 모든 것은 아름다움에 대한 자신의 눈높이를 반영한다. 그 가운데 남들이 하지 못한 '탁월한 아름다움(extreme beauty)'을 만들어내는 것이 하이소울의 첫 번째 키워드다.

물론 아름다움의 세계관에는 저마다 차이가 있기 때문에 어떤 것이 옳다고 일방적으로 주장할 수는 없다. 정답이 있지도 않고, 어떤 게 아름다움이라고 가르쳐줄 수도 없다. 오로지 우리가 살아온 지금까지의 경험, 그리고 문화예술을 얼마나 접해왔는지에 따라 9단짜리 아름다움, 8단짜리 아름다움이 결정될 뿐이다. 당신이 지금 보고 있는 이 책과 테이블, 의자, 컴퓨터, 필기도구 등은 모두 그것을 만든 사람의 경험과 아름다움의 급수에 따라 결정된 것이다.

"미칠 정도로 멋진 제품을 창조하라, 아니면 우주를 감동시켜라!"
—스티브 잡스

아름다움에 대해 이야기하면서 애플의 CEO 스티브 잡스를 빼놓으면 안 된다. 애플의 디자인 지상주의는 유별난 것으로 소문나 있다. 디자인이 정해지면 어떤 기술적 문제라도 해결해서 제품을 만든다. 디자인을 타협하는 일은 결코 없다. 아름다움에 대한 생각이 확고하기 때문에 안 만들면 안 만들었지, 디자인을 죽이지는 않겠다는 것이다. 그에 비해 다른 기업은 어떤가. 아무리 멋진 디자인이 나와도 제품개발자들이 못 만들겠다고 하면 디자인을 바꿀 수밖에 없다.

스티브 잡스가 했던 말들을 곱씹어보면, 그의 경영철학과 원칙의 중심에 모두 '아름다움'이 자리 잡고 있다는 것을 알 수 있다. 그의 남다른 미학은 아마 이 한마디로 정리될 수 있을 듯하다. 애플에서 쫓겨났다가 드라마틱하게 복귀하면서 전 CEO였던 길 아멜리오(Gil Amelio)를 평가한 멘트다.

"제품에서 더 이상 섹스를 찾을 수 없다!"

섹시하지 않은 제품은 제품으로서의 가치가 없다고 일갈한 잡스. 그가 야심차게 내놓은 맥(Mac) OS X의 아쿠아 유저 인터페이스를 어떻게 설명하는지 한번 보시라.

"화면에 있는 버튼을 너무 멋지게 만들었다. 아마 누구라도 핥아보고 싶은 마음이 들 것이다."

점잖은 사람이라면, 그리고 일반적인 제품개발 프로세스에 길들여진 사람이라면 스티브 잡스의 탐미성(耽美性)이 너무 요란스럽다고 뜨악해 할지도 모르겠다. 그러나 오늘의 애플 신화를 만든 가장 큰 동력은 단연코 아름다움에 대한 그의 천착이다. 그래서 설령 기능이 좀 떨어지는 부분이 있어도, 여전히 애플은 최고로 대우를 받는다.

하이소울의 두 번째 키워드 : '겁나게(?) 착한'

우리 모두가 알고 있는 것처럼, 성공이나 돈이 삶의 최종목표가 될 수는 없다. 상생과 공익에 대한 신념이 얼마나 큰가에 따라 소울의 높이가 달라지고, 그 신념을 실천해내는 실행력과 완성도의 결과로 따라오는 것이 바로 성공의 크기이고, 돈의 액수다. 사람들에게 무지하게 이롭지 않으면 의미가 없다고 생각하는 사람은 소울의 높이가 다를 수밖에 없고, 이런 사람들이 성공했을 때 만나는 것이 '대박'이다.

더바디샵(The Body Shop)의 CEO인 아니타 로딕(Anita Roddick), 이 사람의 행적을 들여다보고 있자면 '운동권 학생인가?' 하는 의문이 들 정도다. 더바디샵의 창업주로 CEO를 역임했던 그녀이지만, 단순한 경영자에 머물지 않고 사회적 메시지를 던지고 나아가 변화시키려는 노력을 쉬지 않았다. 심지어 스스로도 "나는 CEO가 아니라 캠페인 책임자(Head of Campaign)다."라고 천명할 정도다.

그녀의 신념은 더바디샵을 그렇고 그런 뷰티 브랜드에 머물지 않게 추동하는 강력한 엔진이다. 더바디샵의 '커뮤니티 트레이드(Community Trade)' 프로그램은 정당한 교류를 통해 후진국의 자생력을 키우고, 소비자에게는 좋은 원료로 만든 질 좋은 제품을 공급하자는 취지로 만들어졌다. 이뿐인가. '고래 살리기 운동', '브라질 열대우림 보호운동' 등 자신의 비즈니스 영역과 그다지 상관없어 보이는 활동에도 앞장서고 있다. 그 결과 1998년에는 〈파이낸셜 타임스〉로부터 '세계에서 가장 존경받는 기업'으로 선정되기도 했다.

"전용비행기나 롤스로이스보다는 명예로운 일을 위해 살고 싶다."

열대우림 보호운동에 비용이 많이 들지 않느냐는 질문에 이렇게 답한 그녀. 다행스럽게도, 이런 '착한 기업'들의 사명은 '나 홀로 선행'에 그치지 않고 소비자의 호응 속에 실질적인 성장에도 기여하고 있다. 오늘날의 소비자들은 단지 좋은 제품뿐 아니라, 그 안에 담긴 '가치'를 함께 사고 싶어 하기 때문이다. 미련할 정도의 곧은 신념은 사람들의 마음에 공명(共鳴)을 일으킨다. 그럼으로써 그들이 파는 것은 단순한 제품을 넘어 '함께하는 세상'의 비전이 된다.

하이소울의 세 번째 키워드 : '대담하고 상상을 뛰어넘는'

'목표? 그것은 중간 레벨의 소울 아닌가?' 이렇게 반문할지도 모르겠다. 물론 남들이 정해준 어지간한 목표는 하이소울이 아니다. 자신의 의지로 세운 엄청난 목표가 있어야 한다. 고스톱으로 치면 3점으로 나는 것에는 관심도 없고, 어떻게 하면 이 판을 싹쓸이할지 골몰하는 것과 같다.

목표가 왜 중요한가? 그 이유는 목표가 높아야 큰 상상력을 꺼내 쓸 수 있기 때문이다.

우리가 '경제전쟁'이라 부르는 싸움의 진짜 이름은 '상상력 세계대전'이다. 경영대가 짐 콜린스(Jim Collins)는 "좋은 것은 위대함을 막는 최대의 적이다. 좋은 것을 버리고 위대함을 추구하라(Good to Great)."라고 일갈한 바 있다. 조금 더 나은 것 말고 전대미문의 놀라운 것을 창조하려면, 그에 걸맞은 상상력이 필요한데, 그것을 꺼내기 위해서는 목표가 높지 않으면 안 된다. 그러면서 짐 콜린스는 우리에게 매우 유용한 단어인 'BHAG'를 선사해주었다. 한마디로 '너무 커서 듣기만 해도 머리가 쭈뼛 설 정도의 대담한 목표(Big Hairy Audacious Goal)'를 추구하라는 것이다. 그 이유는 (그렇게 말하지는 않았지만) 그래야 큰 상상력이 발휘되기 때문일 것이다.

"한계는 없다, 오직 당신의 상상력에 있을 뿐(Limit only in your imagination)."
—두바이 광고 중

두바이. 2010년 들어서 두바이는 외관상 쫄딱 망한 것처럼 보인다. 두바이를 본받자고 송가(頌歌)를 부르던 사람들조차 낯을 바꾸어 이제는 '그럴 줄 알았지' 하며 등을 돌린다. 그러나 비록 최악의 금융위기를 맞아 그 꿈이 어려워지기는 했지만, 두바이가 꾼 '꿈의 높이'만큼은 여전히 우리가 참조해야 할 귀중한 사례라고 생각한다.

예를 들어 국토개발의 BHAG 중 하나는 '해안선'의 길이다. 두바이는 사막지대여서 사람들이 바닷가에 모여 사는데, 해안선 길이가 고작 71km밖에 안 됐다. 우리나라는 북한을 제외하고도 2,500km에 달하니 두바이의 상황이 얼마나 열악한지 짐작이 갈 것이다. 그래서 두바이는 간척사업을 하면서 해안선 길이를 획기적으로 늘리기로 하고, 목표를 설정했다. 얼마나 했을까? 나는 이 말을 듣고 까무러칠 정도로 놀랐다. 왜냐하면 그 목표가 두 배도 아니고, 세 배도 아니고, 무려 20배였기 때

두바이의 '팜 아일랜드'

문이다. 생각해보시라. 만약 정부가 우리나라 해안선의 길이를 20배 늘리기로 정했다고 한다면, 과연 그것을 받아들일 국민이 몇 명이나 있겠는지를.

71km → 1,500km

상식적으로 생각하면 이건 말이 안 되는 목표다. 바다를 얼마나 집어삼켜야 이런 길이가 나오겠는가. 우리가 알고 있는 보통의 간척방식으로는 불가능한 목표. 그래서 이 말도 안 되는 목표는 말도 안 되는 상상력을 끄집어내기 시작했다.

해안선의 길이를 기하급수적으로 늘릴 방법을 찾다가 나온 것이 '더 월드'나 '팜 아일랜드' 같은 요상한 모양의 인공섬 군락이다. 섬의 세계지도나 야자수 이파리 모양은 그냥 나온 것이 아니다. 엄청난 목표가 상상력을 불러일으켜서 해안선을 20배 늘려야겠다고 생각했기 때문에 나올 수 있었다. 물론 매립비용은 몇 배 더 들겠지만, 조그만 섬들이 저마다 바다를 끼고 있다는 가치 때문에 매립비용의 5배가 넘는 분양가에도 불구하고 많은 이들을 매혹시켰다.

그 밖에도 두바이에는 놀랄 만한 BHAG가 많다.

세계에서 가장 높은 호텔인 '버즈 알 아랍'은 처음으로 '7성 호텔'이라는 가상의 등급을 목표로 정한 것으로 유명하다. 2010년 완공된 '부르즈 칼리파(버즈 두바이)'는 높이가 828m로 세계에서 가장 높다. 인류가 500m까지 올라가는 데 1만 년이 걸렸는데, 단번에 300m를 더 올리겠다고 공언하고는 그대로 해보인 것이다.

그뿐인가. 두바이랜드에는 바빌론의 공중정원(Hanging Gardens of Babylon)을 비롯해 알렉산드리아의 파로스 등대(Pharos Lighthouse) 같은 고대 불가사의와 함께 피라미드, 만리장성 같은 세계적 건축물들도 고스란히 만들어보겠다는 목표를 정하고 있다. 비록 완성 여부는 불투명해졌지만, 나는 동서고금을 모두 돌아보아도 두바이보다 더 대담한 목표를 정했던 사례를 결코 본 적이 없다.

우리가 두바이에게 배울 것은 그들이 성공했느냐 실패했느냐가 아니다. 두바이는 여전히 인류 역사상 가장 놀라운 창조학교, 상상력의 학교라는 사실을 눈여겨보기 바란다. 그들의 비즈니스가 부침을 거듭하더라도, 상상력만큼은 여전히 보물섬이다. 그래서 나는 사람들에게 "아라비안나이트의 시대는 가고 두바이안나이트의 시대가 왔다."고 말하곤 한다. 그들의 상상력은 우리에게 어릴 적 읽었던 동화 이상의 보물 같은 영감을 주기 때문이다.

하이소울의 네 번째 키워드 : '너무나도 완벽한'

어두운 갈색에 L과 V 로고가 인쇄된 가방. 이렇게만 해도 '아하, 그거?' 하는 분들이 많을 것이다. 그렇다. 한국 여성들이 특히 열광한다는 루이비통 가방이다. 1852년 프랑스의 왕후와 귀족들을 위해 여행가방을 제작한 것을 시작으로, 루이비통은 세월과 함께 명품으로서의 권위를 높여가고 있다.

루이비통은 단순한 명품이 아니다. 2007년에 조사한 브랜드 가치만 226억 달러에 이르는 '명품 중의 명품.' 브랜드 가치 2위인 샤넬과의 차이가 무려 3배 이상인, 자타공인 세계 최고의 명품이다.

루이비통의 CEO 이브 카르셀(Yves Carcelle)은 이력이 독특하다. 프랑스 최고의 이공계 대학인 에콜 폴리테크닉을 졸업한 '공대생'이고, 사회생활은 세일즈로 시작했다. 그러나 그게 무슨 상관인가. 그는 루이비통이 150년간 목숨처럼 지켜온 가치를 잘 알고, 그것을 더욱 강화함으로써 오늘날의 루이비통을 만들었다. 그 가치란 바로 '명품다운 완벽함'이다.

"생산수량은 전혀 중요하지 않다. 얼마나 완벽한 제품을 만들었는지가 중요하다."

아무리 매장에서 물건을 보내달라고 아우성을 쳐도, 루이비통의 대답은 한결같다. 완벽주의는 그 어떤 것으로도 훼손될 수 없는 루이비통의 정신이다. 파리 본사에서 품질을 직접 관리하기 위해 중국으로 공장을 옮기자는 제안도 번번이 거절한다. 그 흔한 아웃소싱도 없다. 심지어 세일도 없다. 설사 팔지 못한 제품이 있더라도 세일을 하느니 차라리 버린다. 일반적인 비즈니스 상식에 반하는 비효율의 극치다.

그러나 진짜 아이러니는, 이들의 고집이 먹힌다는 것이다. 왜냐하면, 완벽하니까.

'완벽'은 그 자체가 높은 목표를 추구하겠다는 신념이자, 그 무엇으로도 대체될 수 없는 가장 강고한 하이컨셉이다.

'어지간한 목표'를 뛰어넘는 '담대한 목표'가 세상을 바꿔놓듯이, 끝까지 점검하고 공을 들이는 '완벽에의 집착'은 대충 편하게 가는 데 익숙한 사람들은 결코 흉내 낼 수 없는 엄청난 가치를 만들어낸다. 당장은 느리고 비효율적이더라도 원칙을 지키고 제대로 해내는 것이 정말 큰 부가가치를 창출하는 길이다.

하이소울의 다섯 번째 키워드 : '그까이꺼!'

하이소울이 중요한 이유는 소울의 높이가 상상력의 높이와 직결되기 때문이다.

우리나라 사람들도 상상력 하나로 불가능을 극복해가는 도전정신은 둘째가라면 서럽다. 평소에는 평범한 듯 보여도, 일단 위기가 닥치면 불굴의 의지를 발휘해 어떻게든 난관을 헤쳐가고야 만다. 우리의 역사가 그랬고, 경제발전의 과정이 그랬다.

세계 1위의 대한민국 조선 산업을 보자. 원래 근대 조선업의 불문율은 도크 공법이다. 도크(dock)는 선박을 건조 수리하는 시설로, 한 개 만드는 비용이 무려 2,000억 원에 달한다. 그러니 조선업은 얼마나 큰 도크를 많이 가지고 있느냐에 달려 있다고 해도 과언이 아니다.

도크 공법은 큰 풀장 같은 도크에서 배를 만들고, 다 만들면 도크에 물을 가득 채워서 바다로 띄워 보내는 방식이다. 유조선은 중형이라도 크기가 잠실운동장만 하니, 도크 없이는 배를 만들 수도 없고, 설사 만든다 해도 바다에 내보낼 수가 없다. 한국 조선업의 실력이 높아지자 선박 주문이 넘쳐나는 바람에, 도크가 없어서 주문을 못 받는 초유의 사태가 벌어졌다. 우리나라는 땅도 부족하고 자금도 넉넉지 않다. 설사 자금 여력이 있어도 무조건 도크를 증설해나갈 수는 없다. 불황이 오면 고스란히 짐이 되기 때문이다. 이걸 어쩐다? 이 대목에서 대한민국 조선소의 창조력은 빛을 발했다.

"아, 그까이꺼, 도크 없으면 배 못 만드나? 땅에서 만들면 되잖아!"

반신반의하는 사람들을 비웃듯이, 현대중공업은 땅에서 만든 배를 특수 지렛대를 이용해 바지선에 실어서 바다로 보내고, 바지선을 침몰시켜 배를 띄우는 데 성공했다. 세계 최초, 세계 유일의 '육상건조공법'이다.

게다가 기존의 도크에서 여러 척을 동시에 만드는 신공(神功)을 발휘하기도 한다. 같은 도크에서 만들고 있던 배는 바닥에 고정시켜놓고, 도크에 물을 채워서 완성품만 띄워 보내는 것이다. 이 '템덤침수공법' 또한 누구도 상상하지 못한 기술이다.

그뿐이랴. 육상 도크를 고집하는 관행도 대한민국 조선 산업에서는 맥을 못 춘다.

"배를 꼭 땅에서 만들어야 하나? 바다에 띄워서 만들면 되잖아!"

이 역발상으로 삼성중공업은 세계 최초, 세계 유일의 바다에 뜨는 '플로팅 도크(floating dock)' 기술을 보유하게 되었다.

한국의 조선 산업이 도크를 늘리지 않고도 매년 20%의 성장을 구가할 수 있었던 것은 이와 같은 강한 신념과 역발상이 있었기 때문이다. 비단 조선 산업뿐이겠는가. 앞이 보이지 않는 난제에 부딪힐 때마다 우리 선배들은 '그까이꺼, 한번 해보자!'는 마음으로 덤볐다. 어떤 상황에서도 결과를 놓고 타협하지 않았다. 오늘의 한국을 일으킨 불굴의 '그

까이꺼 정신!'

신념이란 결국 '그까이꺼 정신' 아닌가. 모든 불가능은 상상력으로 해결할 수 있다는 신념! 우리나라 사람들은 신념의 높이가 단연 세계 최고다. 이겨내야 할 시련이 끝이 없었고, 그만큼 신념으로 이겨낸 경험도 많기 때문이리라.

당장은 가진 게 없어도 신념이 있으면 누구든지 잡을 수 있다는 게 '그까이꺼 정신'이다. 의지만 있으면 어떤 선발자라도 다 때려잡고 팔자를 고칠 수 있다는, 한국인만이 가질 수 있는 무한도전 무한신념의 언어! 그런 면에서 '맥가이버 정신'보다 더 센 게 그까이꺼 정신이다.

맥가이버 정신은 뭔가. 아무리 큰 위험이 와도 정신만 바짝 차리고 창의성을 발휘하면 위기를 벗어날 수 있다는 것이다. 그렇다면 '그까이꺼 정신'은 무엇인가. 아무리 센 놈도 유니크한 정신으로 승부하면 다 이길 수 있다는 게 맥가이버 정신 위의 '그까이꺼 정신'이다.

'그까이거 정신'의 정수(精髓)는 고(故) 정주영 현대 명예회장이다. 서산 간척지 사업의 마지막 단계인 최종 물막이 공사. 초속 8m의 급류가 몰아쳐서 모든 물막이 공법이 무용지물이 되자, 그는 대담한 발상을 한다.

"폐유조선을 침몰시켜버려!"

그 결과, 한 방에 끝났다. 공사비 280억 원 절감, 공사기간 35개월 단축.

이것이 반드시 하고야 만다는 '그까이꺼 정신'의 진수다. '그까이꺼'가 우리 안에 있는 상상력을 꺼낸다. 그것도 현실을 조금 개선하는 그저 그런 상상력 말고, 기존의 것들을 확 뒤집어엎는, 기존 가치를 전복하는 대단한 상상력을 꺼낸다.

주의사항 : 고집과 똥고집을 구분하라!

그런데 하이소울은 중요한 만큼 만들어가기가 매우 어렵다. 기능에 매몰돼 소울이 뭔지도 모르는 사람에게 "그건 로소울(low soul)이잖아." 하고 하이소울을 설명한다고 알아들을까? 천만의 말씀이다. 우리가 보기엔 안쓰럽지만, 그 사람에게 그건 엄연한 세계관이다. 기능의 소울에 갇혀 사는 사람은 그 이상은 알 필요도 없다고 생각한다. 심지어 하이소울이라는 게 있다고 믿지도 않고, 설명해줘도 믿으려 하지 않는다.

이렇게 소울이 자의적이다 보니 어쩔 수 없이 불량품이 많다. 자신이 로소울에 갇혀 있는 줄은 모르고 저 혼자 옳다고 주장하는 경우가 우리 주위에 얼마나 흔한가. 사람은 자신이 믿는 대로만 보면서 자신이 옳다고 생각하는 소울의 오류에 빠지기 쉽다.

잘못된 소울은 자신은 물론 남들에게도 엄청난 고통을 줄 수 있다. 그러므로 하이소울이 하이소울다우려면 '자신이 옳다고 믿는 것이 정말 옳은 것'이어야 한다. 정말 옳은 것을 추구하는 것은 '고집'이지만, 혼자만 옳다고 생각하는 것을 밀고 나가면 자칫 '똥고집'이 된다.

정말로 옳은 것을 추구하는 하이소울의 예를 나는 오래된 미국 드라마 〈웨스트윙〉에서 보았다. 10년 넘게 방영되며 에미상 등 32개 상을 받은 수작(秀作)으로, 미국 대통령 집무실과 비서진이 있는 백악관 서관(West Wing)을 무대로 대통령 참모진의 활약상을 그린 정치 드라마다. 노벨경제학상 수상자가 대통령이 되어 자신의 이상을 실현하는 과정을 담고 있는데, 그의 소울을 단적으로 보여주는 장면이 있다.

아직 대통령 후보 신분이던 주지사 시절, 그는 자신의 지역구인 뉴잉글랜드에서 연설을 한다. 이곳의 주요 산업은 낙농업인데, 문제는 그가 1년 전에 겁도 없이 우유값 인상안을 반대했던 것이다. 믿었던 주지사에게 배신당한 유권자들이 얼마나 분통이 터졌겠는가. '오냐, 오기만 해봐라' 하며 씩씩대더니 연설이 끝나자마자 불만이 쏟아져 나오기 시작했다. 설마 설마 하던 참모들의 표정은 일그러지고…. 이 난처한 질문에 그가 어떻게 답하는지 보자.

"전 주지사님이 법안에 반대하는 바람에 거금을 손해 봤습니다. 하원 선거 세 번, 주지사 선거 두 번 모두 당신에게 투표했는데, 어떻게 이럴 수 있습니까?"

"그래요. 내가 당신을 골탕 먹였죠."

"뭐라고요?"

"아니, 여러분은 내게 일종의 사기를 당한 겁니다."

"아니, 그게…."

"당신 말고도 여러 농장들이 저 때문에 손해를 봤습니다. 그런데, 왜 일까요?

오늘날 미국에서 가장 가난한 계층은 '어린이'입니다. 어린이 5명 중 한 명은 제대로 먹을 수 없는 절망적인 상태에 빠져 있습니다. 바로 우리의 아이들이 말이죠. 민주주의의 목표가 자유와 평등에 있다면, 인간으로서 우리의 목표는 다음 세대에게 우리보다 나은 삶을 주는 것이 아닐까요? 그래서 나는 법안에 반대했습니다. 절망 속에 빠져 있는 아이들이 좀 더 쉽게 우유를 사먹을 수 있기를 바랐기 때문입니다. 그래서 여러분을 화나게 했고, 손해를 입혔습니다. 만약 여러분께서 원하는 것이 이런 것이 아니라면, 이번 선거에서 다른 사람에게 투표하시는 편이 좋을 것 같습니다."

'다른 사람에게 투표하라!' 이 말은 그의 소울이 어느 높이에 있는지를 단적으로 드러낸다. 그는 표를 얻는 것보다 '옳은 것'을 택했다. 사람들이 좋아할 일보다, 싫어해도 옳은 일을 택한 것이다.

이 이야기의 결말은 해피엔딩이다. 주지사는 박수를 받으며 퇴장했고, 선거운동에 반드시 필요한 핵심 브레인을 감동시킴으로써 캠프에 영입하는 데 성공했으며, 그 자신은 대통령이 되었다. 참모들과 유권자들을 움직인 건 다름 아닌 그의 높고도 올바른 소울이었다.

우리가 추구하는 '오리진'이란 우리가 가지고 있는 생각과 세계관, 그리고 철학과 소울을 벗어날 수 없다. 몸과 마음이 절대로 분리될 수 없는 하나인 것처럼, 나의 소울과 '오리진'은 다를 수 없다. 무엇인가 세상에 선사하고 싶은, 영혼을 울리는 간절함이 있을 때, 비로소 세상을 바꿀 수 있는 생각과 만나게 될 것이다.

Insight Question

운명을 바꾸고 싶은가? 그렇다면….

• 내가 만들고 싶은 '미치도록 아름다운 것'은 무엇인가?

• 내가 헌신하고 싶은 '겁나게 착한 일'은 무엇인가?

• 내가 이루고 싶은 '대담하고 상상을 뛰어넘는 목표'는 무엇인가?

• 내가 생각하는 '너무나도 완벽한 수준'은 어디까지인가?

• 상상력 하나면 불가능을 무너뜨릴 수 있다는 '그까이꺼 정신'이 나에게 있는가?

Inspiration Box

소울의 높이가 상상력의 높이를 결정한다

상상력은 이미 우리 안에 있다. 그렇지 않은가. 문제는 어떻게 꺼내느냐다. 내 안에 있는 상상력을 어떻게 흔들어 깨울 것인가? 어떤 상상력을 꺼내는가는 바로 소울의 높이와 직결된다.
먼저 상상력에도 단계가 있다는 사실을 기억해야 할 것이다.

상상력 레벨 1 : '문제를 찾아내는 상상력'

어떤 일이나 어떤 제품의 문제점을 찾아내는 것은 아무나 할 수 없다. 문제가 없는 더 좋고 편리한 상황을 상상할 수 있는 사람만이 문제를 말할 수 있다.

상상력 레벨 2 : '문제를 해결하는 상상력'

문제를 찾기도 어렵지만, 깔끔히 해결하는 것은 더욱 어렵다. 왜냐하면 문제를 해결하려면 여러 종류의 지식이 필요하고, 그것들을 가지고 다양한 상상을 해야 하기 때문이다.

상상력 레벨 3 : '새로운 아이템을 찾는 상상력'

남들이 보지 못한 가치를 보고, 엉뚱한 것을 융합해내어, 새로운 제품이나 서비스를 만들어내는 것은 더더욱 어렵다. 그 길은 아무도 가지 않은 길이기에 생각하기도 어렵고, 옳다고 확신하기도 어렵다. 상상과 신념이 만나야 하고, 다른 이들의 공감까지 얻어낼 수 있어야 하기 때문에 어렵다.

어느 레벨의 상상력을 꺼내 쓰느냐 하는 문제는 상상력의 베이스캠프를 어디에 치는가에 달려 있다. 이 말을 이해하려면 우선 등산과 베이스캠프의 관계를 알아야 한다.

지구에서 가장 높은 산은? 물론 에베레스트다. 그 높이가 8,848m로, 백두산보다 3배나 더 높다. 이 산에 인류 역사상 최초로 등정한 사람은 뉴질랜드의 에드먼드 힐러리(Edmund Hillary)로, 1953년에 정상에 오르는 데 성공했다. 한국인이 처음 등정에 성공한 것은 1977년으로, 고(故) 고상돈 대원이 세계에서 58번째로 족적을 남겼다.

힐러리보다 24년 후에 올랐는데 그 등수가 58등이라면, 매년 2.4명이 에베레스트에 올랐다는 계산이 나온다.
그렇다면 요즘은 1년에 몇 팀이나 에베레스트에 오를까?

2004년 330명, 2006년 480명, 2008년 600명이라는 기록이 마지막 이다.

왜 이렇게 많이들 올라갈까? 그 이유는 베이스캠프가 높아졌기 때문이다.

힐러리나 고상돈 대원이 등정을 시도하던 시절에는 베이스캠프 높이가 예외 없이 해발 3,000m 이하였다. 그들은 약 6,000m를 더 올라가야 정상까지 갈 수 있었다. 하지만 요즘은 보통 5,200m, 세게 치는 사람은 6,000m 이상에도 베이스캠프를 친다. 남은 거리는 이제 3,000m가 채 되지 않는다. 옛날에 비해 순등정거리가 절반 이하가 된 것이다. 그래서 요즘은 많은 사람들이 에베레스트 정상에 도달하는 것이다.

물론 옛날에도 베이스캠프를 높이 치면 안 된다는 법은 없었다. 기술력도 충분했다.

다만 그 당시 사람들은 그 정도 높이면 적당하다고 생각했을 뿐이다.

이 단순한 이야기가 우리에게 주는 시사점은 실로 엄청나다.

중앙일보 정진홍 논설위원은《인문의 숲에서 경영을 만나다》에서 이렇게 정리했다.

"무슨 일을 하든, 포장마차를 하든, 대기업을 운영하든, 또 도시를 경영하든, 심지어 국가경영을 하든, 운명을 바꾸고 싶다면 방법은 단 한 가지밖에 없다. 즉 베이스캠프를 다른 사람들이 상상도 하지 못하는 곳에 높이 쳐야 한다. 여기서 말하는 베이스캠프는 생각의 베이스캠프이고, 상상의 베이스캠프다. 그래서, 무슨 일을 하든 성공하려면 베이스캠프를 높이 쳐야 한다."

베이스캠프는 목표를 향해 힘차게 출발하는 생각의 전진기지요, 소울의 전진기지다.
당신의 가슴속에 어떤 소울이 들어 있는가가 당신이 꺼내 쓰게 될 상상력의 레벨이 몇 번째 것인지를 결정한다. 그러니 큰 상상력을 꺼내 쓰려면 먼저 당신의 소울을 높여라. 다시 한 번 나의 소울을 점검해보자.

- 하이소울의 첫 번째 키워드 : '미치도록 아름다운'
- 하이소울의 두 번째 키워드 : '겁나게(?) 착한'
- 하이소울의 세 번째 키워드 : '대담하고 상상을 뛰어넘는'
- 하이소울의 네 번째 키워드 : '너무나도 완벽한'
- 하이소울의 다섯 번째 키워드 : '그까이꺼!'

High Story

8

예상을 깨는 이야기를 만들어라

Fom remarkable to ORIGIN

늦게 온 소포

고두현

밤에 온 소포를 받고 문 닫지 못한다.
서투른 글씨로 동여맨 겹겹의 매듭마다
주름진 손마디 한데 묶여 도착한
어머님 겨울 안부, 남쪽 섬 먼 길을
해풍도 마르지 않고 바삐 왔구나.

울타리 없는 곳에 혼자 남아 / 빈 지붕만 지키는 쓸쓸함
두터운 마분지에 싸고 또 싸서
속엣것보다 포장 더 무겁게 담아 보낸
소포 끈 찬찬히 풀다 보면 낯선 서울살이
찌든 생활의 겉꺼풀들도 하나씩 벗겨지고
오래된 장갑 버선 한 짝
해진 내의까지 감기고 얽힌 무명실 줄 따라
펼쳐지더니 드디어 한지더미 속에서 놀란 듯
얼굴 내미는 남해산 유자 아홉 개.

「큰 집 뒤따메 올 유자가 잘 댔다고 몇 개 따서
너어 보내니 춥울 때 다려 먹거라. 고생 만앗지야
봄 볕치 풀리믄 또 조흔 일도 안 잇것나. 사람이
다 지 아래를 보고 사는 거라 어렵더라도 참고
반다시 몸만 성키 추스리라」

헤쳐놓았던 몇 겹의 종이 / 다시 접었다 펼쳤다 밤새
남향의 문 닫지 못하고 / 무연히 콧등 시큰거려 내다본 밖으로
새벽 눈발이 하얗게 손 흔들며 / 글썽글썽 녹고 있다.

High Story

당신이 만약 사람들이 예상하지 못한 새로운 시간과 공간을 선사하기 위해 창조적인 플레이를 했다면, 아무도 상상하지 않았던 융합을 시도했다면, 또 남다른 하이소울로 새로운 가치컨셉을 만들었다면, 그것만으로도 당신의, 또 당신 회사의 '이야기'는 사람들의 입을 타고 퍼져나가기 시작할 것이다.

5장에서 소개한 아사히야마 동물원을 방문한 관람객은 2008년 약 330만 명이었다고 한다. 그런데 그중에서 아이들 손잡고 동물을 보러 온 사람은 30만 명에 불과하다고 한다. 그렇다면 나머지 300만 명의 정체는 누구였을까? 놀랍게도 그들은 일본 본토에서 아사히야마의 이야기를 전해 듣고, '정말 그런지', '정말 그렇게 재미있고 놀라운 곳인지' 직접 확인해보기 위해 방문한 사람들이었다고 한다. 원래 동물원이란 아이들과 놀러가는 곳인데, 본래 취지에 전혀 맞지 않게 '확인'하러 간 사람이 10배나 더 많았던 것이다. 이것이 이야기의 힘이고, 롤프 옌센(Rolf

Jensen)이 《드림 소사이어티(dream society)》에서 말한 핵심 메시지다. 사람들의 심금을 울리는 이야기를 한 가지 만들어내면 그 이야기가 개인이나 조직의 운명을 바꾸게 해준다는 말처럼, 죽이는(?) 이야기 하나를 만들어냈더니 300만 명이 넘는 사람들이 그 이야기에 끌려 이 외딴 시골마을까지 몰려든 것이다.

그래서 지금부터 우리 함께 이야기 나라로 여행을 가보려고 한다. 무엇보다 먼저, 이야기란 무엇이고, 사람들은 어떤 이야기에 열광하는지 알아보자. 또 사람들을 끌어들이는 이야기를 만들어내려면 이야기의 원형(原型)을 알아야 할 것 같다. 그리고 마지막으로 비즈니스에서 이야기를 만드는 법은 무엇인지 한번 생각해보자. 먼저 이야기가 가진 힘이 무엇인지를 보여주는 재미있는 이야기 한 편을 소개한다.

로댕은 왜 10년 동안 〈칼레의 시민〉에 몰두했는가

근대 최고의 조각가로 유명한 로댕(Rene-Francois-Auguste Rodin)은 주옥같은 작품들을 많이 창조했다. 그런 그의 대표적인 조각 작품 중에 〈칼레의 시민〉이 있다. 이 작품은 14세기 영국과 프랑스 간의 백년전쟁 당시, 프랑스의 칼레 시를 대표해 죽음을 자청한 이들을 기리는 작품이다. 칼레 시에서 이 작품을 공모한다는 소식을 듣고, 로댕은 망설임 없이 참여해 이 작품에 10년을 쏟았다. 과연 어떤 작품일까?

1347년, 영국의 에드워드3세는 프랑스를 침공하면서 영국에서 가장 가까운 마을인 프랑스 칼레 시부터 공략했다. 조그만 성(城)이라서 애초에 한 달이면 가능할 것이라고 쉽게 보고 시작했는데, 이 작은 성은 완강히 저항하여 1년 가까이를 버티어냈다. 영국 왕의 마음이 어땠겠는가. '이런 괘씸한… 함락만 하게 되면 전 주민을 몰살시키고 말리라!'

칼레는 버티고 버텼지만, 결국 식량이 떨어지는 바람에 더 이상 저항할 수 없어 영국군에 항복의사를 전했다. 이에 에드워드3세는 예고했던 대로 칼레 시민들을 몰살하려 했다. 그때, 한 신하가 나서서 말했다.

"폐하, 아니 되옵니다! 우리가 이제 프랑스 본토에 발을 디뎠고, 앞으로 함락해야 할 성들이 수없이 많은데, 항복을 청해온 칼레의 주민들을 몰살했다는 소문이 나면, 나머지 성들의 저항을 더욱 격렬하게 만들고 말 것입니다."

듣고 보니 신하의 말에 일리가 있었다.

"그럼 좋다. 그러나 그냥 넘어갈 수는 없는 일이다. 그동안 우리 영국군을 괴롭힌 대가로 주민 6명만 죽일 테니, 그 6명을 데려오도록 하라."

칼레 시는 대량학살을 면했다는 소식에 안도했으나, 어떻게 6명의 희생자를 고른다는 말인가. 이에 관해 회의가 벌어졌고, 대체적인 중론(衆

論)은 제비뽑기로 정하는 분위기로 모아지고 있었다. 그런데 어떤 지도자가 강력히 반대하고 나섰다.

"만약 우리가 나라를 위해 희생할 사람을 제비뽑기로 정한다면, 결과적으로 '재수가 없어서' 제비를 잘못 뽑아 죽은 것이 됩니다. 이러면 후손들 보기 부끄럽지 않겠소? 그렇기에 우리는 아무리 어렵더라도 자원의 방식으로 희생자를 선발해야 한다고 생각하오. 나는 이곳에서 가장 부자이고 살 만큼 살았으니, 내가 먼저 자원하겠소!"

이 영웅적인 연설에 고무된 시민들이 '저요, 저요' 하고 손을 들어 순식간에 6명의 지원자가 다 찼다. 그 6명을 형상화한 것이 〈칼레의 시민〉이다. 이 동상은 자세히 들여다볼 필요가 있다.

먼저 첫 번째 인물, 외스타슈. 칼레 시 최고의 부자로서, 노블레스 오블리주(noblesse oblige)를 앞장서 실천한 주인공이다. 이 사람의 표정은 의연하다. 하지만 손을 보면 반쯤 풀려 있다. 비록 자원의 방식을 주장하고 가장 먼저 손을 들었지만, 이 사람 또한 죽음이 두렵지 않을 수는 없다는 것을 로댕은 절묘하게 표현한다.

두 번째 사람, 장 데르는 칼레의 법률가다. 손에는 적군에게 넘겨줄 성문 열쇠를 들고 있지만, 얼굴은 더없이 강직하고 단호하다. '비록 성은 빼앗기지만, 정신마저 굴복하지는 않겠다'는 결연한 의지가 느껴진다.

그리고 형제 피에르 드 위상과 자크 드 위상이 나온다. 그런데 동생은

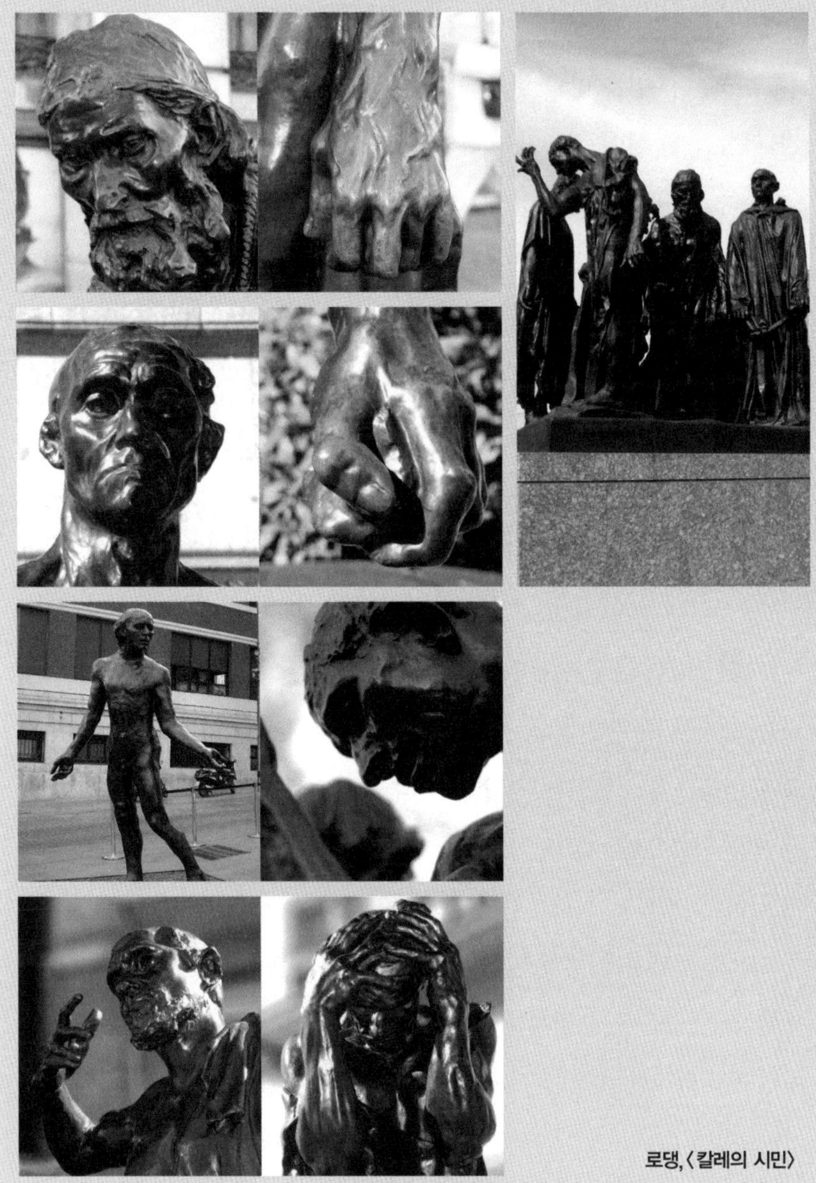

로댕, 〈칼레의 시민〉

얼떨결에 자원했나 보다. 아직 죽을 준비가 안 되었는지 울상인 채로 뒤를 돌아본다. 입은 반쯤 열려 있고, 손바닥은 힘없이 펼쳐져 있다. 그러자 걱정이 된 형이 귀엣말을 한다. "돌아보지 마, 마음 약해져."

그 다음 사람은 학자 장 드 핀네다. 이 사람의 얼굴에는 '살고 죽는 일은 어차피 부질없는 것'이라는 실존적 허무가 떠돈다. 그리고 마지막 사람, 앙드리외 당드레. 이 사람에게는 특별히 '우는 시민'이라는 별명이 붙어 있다. 자기가 희생을 자청해놓고도 죽는다는 걸 받아들일 수가 없다. 죽음이 너무나 두렵고 그 공포가 극에 달해, 한마디로 패닉 상태에 빠져 있다. 사람들은 이 작품 속의 '우는 시민'을 괴로워하는 인간의 모습을 가장 잘 표현한 작품으로 평가한다.

로댕이 10년을 투자해 완성한 이 작품을 납품하려고 하자, 칼레 시에서는 고개를 갸웃했다. 좀 이상하다는 것이다. '우리가 부탁한 건 호기로운 영웅들의 모습인데, 이렇게 나약하게 떨고 있고, 울고 있는 사람들로 만들어놓으면 어떡하느냐. 이거 우리 못 받겠는데? 반품해야겠는데?' 이런 기조다.

그러자 로댕은 이렇게 말한다. '그것은 모르는 소리, 이 사람들이 위대한 것은 죽음을 초월한 사람들이어서가 아니라, 우리처럼 죽음이 너무나 두려웠지만, 나라를 위해 기꺼이 자원했기 때문에 위대한 것이다.'

로댕은 왜 이 작품에 뛰어들었을까? 추측하건대 칼레의 시민 이야기가 감동적이었기 때문일 것이다. 또 이 감동적인 이야기를 작품으로 만들면 세계인을 감동시킬 수 있다고 생각했기 때문일 것이다. 실제로 이 작품으로 인해 칼레의 이야기는 세계에 전파되고 말았다. 심금을 울리는 이야기 한 편이 때로는 세상을 움직인다.

이처럼 이야기는 때로는 감동을, 때로는 사랑을, 또 때로는 흥미진진한 스토리로 우리를 매료시킨다.

멋진 이야기는 항상 놀랍고, 엉뚱하고, 아름답고, 의외적이며, 듣는 이는 공감할 수밖에 없다. 그 이야기 속에 바로 나의 이야기들이 생생하게 살아 숨쉬기 때문이다. '심금을 울리는 이야기', 즉 하이스토리(high story)를 만들어내는 것! 그리고 그것을 파는 것! 이것은 운명을 바꾸고, 성공으로 가는 지름길이다.

이야기 만드는 법 : 이야기의 원형(原型) 20가지

우리는 모두 나의 이야기가 세상 사람들의 심금을 울리기를 꿈꾼다. 그러나 '안 되는 걸 어쩌란 말이냐' 하고 답답해하는 분들이 더 많을 것이다. 기업을 하든, 직장에 다니든, 공부를 하든, 살림을 하든, 먹고살기 바쁜 사람들이 언제 이야기를 만들어봤겠는가.

예전에 CEO들과 영화공부를 한 적이 있다. 이름하야 '무비앤컬처(Movie & Culture).' 총 5회의 수업으로 이루어졌는데, 전문가들과 머리를 맞대고 고민을 한 끝에 다음과 같이 커리큘럼을 정했다.

- 1부 : 영혼에 놓는 주사, 스토리(이야기 만드는 법)
- 2부 : 누구나 보지만 아무도 못 보는 영화 속 속살 이야기(영화학 개론)
- 3부 : 감동에 감동을 더하는 영화음악 이야기(영화 속 클래식음악, OST)
- 4부 : 세상을 바꾼 위대한 미치광이들(위대한 영화감독들 이야기)
- 5부 : 영화에서 배우는 유혹의 기술(위대한 '선수'들의 필살기 요약)

그중에서 1부인 스토리 만드는 법은 심리학박사이자 영화평론가인 심영섭 선생이 담당했다. 심영섭이라는 이름에는 '심리학과 영화를 두루 섭렵하겠다'는 그녀의 의지가 담겨 있다. 그녀의 재미있고 날카로운 입담을 따라가다가 흥미로운 사실을 알게 되었다. 우리는 몰랐지만, 이야기로 먹고사는 작가들은 수백 년 동안의 노하우를 모두 모아 이야기 만드는 공식을 만들어놓았다는 것이다. 미국 몬타나 주립대학의 토비아스(Ronald Tobias) 교수는 친절하게도 세상 모든 이야기의 원형을 4개의 나라, 20가지 플롯으로 정리해놓았다.

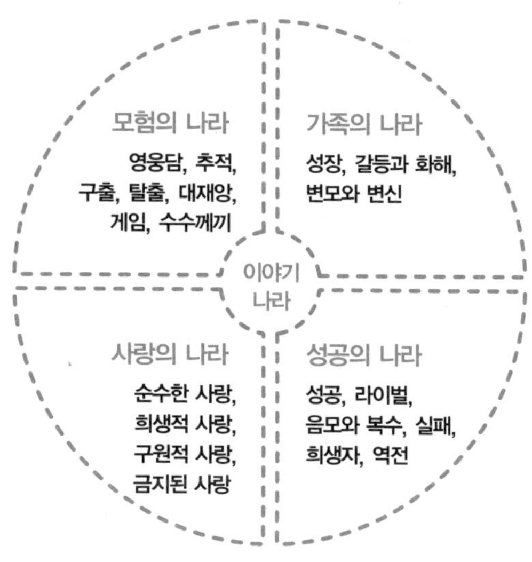

먼저, 모든 이야기는 다음 4개의 나라에 속한다.

그 4개국은 모험의 나라, 사랑의 나라, 성공의 나라, 가족의 나라다.

또 각 나라는 작은 나라(小國)들로 이루어져 있는데,

우선 모험의 나라에는 7개의 소국이 있다. 그 나라들의 이름은 영웅담, 추적, 구출, 탈출, 대재앙, 게임, 수수께끼다.

사랑의 나라에는 4개국이 있다. 순수한 사랑, 희생적 사랑, 구원적 사랑, 그리고 금지된 사랑.

성공의 나라에는 6개국이 있다. 성공, 라이벌, 음모와 복수, 실패, 희생자, 역전.

마지막으로 가족의 나라에는 성장, 갈등과 화해, 변모와 변신의 3개국이 있다.

재미있는 이야기 한 대목이 기억난다. 그것은 이들 20개국의 시장점유율에 관한 것이다. 먼저 4개의 나라에서 가장 점유율이 높은 국가는 짐작하다시피 '사랑의 나라'이고, 그 점유율은 약 80%라고 한다. 그리고 또 '사랑의 나라' 안에서의 점유율을 보면, '금지된 사랑'이 80%라고 한다. 계산을 해보면 모든 이야기의 64%는 금지된 사랑 이야기라는 뜻이 된다(모든 드라마에 '금지된 사랑' 이야기가 들어 있는 건 다 이유가 있다).

이야기 나라의 20개 원형을 이리저리 뒤섞으면 새로운 이야기가 나온다. 예를 들어 《해리 포터(Harry Potter)》는 '모험의 나라'의 영웅담과 '사랑의 나라'의 순수한 사랑, '성공의 나라' 중 음모와 복수, '가족의 나라' 중 성장 이야기가 섞여 만들어진 이야기다. 또 드라마 〈대장금〉은 '모험의 나라'에서 게임, '사랑의 나라'에서는 순수한 사랑, '성공의 나라'에서는 라이벌, 역전, 그리고 '가족의 나라'에서는 성장 이야기가 섞여 있다.

우리는 모두 살아 있는 이야기를 가지고 있고, 그 이야기의 주인공들이다. 치열하게 고민하고, 죽을 각오로 뛰어다니고 있기 때문이다. 우리의 이야기들은 결코 한두 가지의 원형 안에 가둘 수 있는 것들은 아니라고 생각한다. 우리만의 '뻐꾸기 우는 사연'들이 가득하기 때문이다. 만약 나의 이야기, 우리의 이야기를 만들고 싶을 때는 앞에서 살펴본 이야기 나라의 20가지 원형을 들이대 맛깔나게 조합해내야 한다.

어떻게 조합하느냐에 따라 우리가 세상에 선사할 수 있는 '우리 이야기'의 메시지와 깊이가 달라질 것이다.

이야기 나라의 지도를 보면서 힌트를 얻어, 자신만의 멋진 이야기를 만들어가기 바란다.

비즈니스에서 이야기를 만드는 법 : '드림 소사이어티'

자, 다음 단계는 우리 이야기를 어떻게 사람들에게 '먹히도록' 선사하는가 하는 문제를 다룰 차례다.

1999년 어느 날, 코펜하겐에 있는 미래학연구소에 난해한 질문 하나가 날아왔다.

"정보화 사회 다음에는 어떤 사회가 도래할까요?"

이 단순하지만 중요한 질문에 답하기 위해, 롤프 옌센 소장은 연구소의 모든 역량을 집중시켜 정보화 사회 이후 어떤 사회가 올 것인가를 진단하는 프로젝트를 수행했고, 그들의 결론은 '드림 소사이어티'였다.

드림 소사이어티란 무엇인가?

한마디로, 꿈과 감성 그리고 이야기가 주도하는 사회다. 더 압축해 말하면, 이야기를 잘 만드는 사람이 세상을 움직이는 시대라는 것이다. 롤프 옌센은 드림 소사이어티는 미래가 아니라 이미 도래해 있다고 결론지었다. 오늘날 우리가 내리는 모든 구매결정을 되돌아볼 때, 우리는 더 이상 '상품'을 사지 않고, 상품 속에 들어 있는 '꿈과 감성과 이야기'를 구매하고 있기 때문이다.

드림 소사이어티에서 우리가 만드는 모든 것들은 새롭게 정의되고 다시 태어나야 한다. 어떻게 하면 새로운 해석을 통해 새로운 가치를 부여할 수 있을까? 그 방법은 한마디로 우리가 생각하는 업종의 이름을 바꾸는 것이다. 기존의 이름 아래서는 새로운 개념이 나오기 어렵기 때문이다. 그래서 롤프 옌센은 업종에 대한 개념을 확 바꿔서 모든 상품은 다음의 6가지 시장에서 판매되기 위한 것으로 생각해야 한다고 주장한다.

1. 모험판매의 시장
2. 연대감, 친밀감, 우정, 사랑을 위한 시장
3. 관심의 시장
4. '나는 누구인가'의 시장
5. 마음의 평안을 위한 시장
6. 신념을 위한 시장

물론 이 6가지 시장이 반드시 정답은 아니겠지만, 우리에게 필요한 새로운 영감을 주기에는 매우 효과적이다.

나는 지금 이 책의 집필을 위해 녹음기를 사용하고 있다. 가장 성숙화된 전자제품 중 하나인 녹음기를 가지고 새로운 시장을 만들 수 있을까? 잘될지는 모르겠지만, 롤프 옌센이 말한 6가지 시장에 억지로 넣어 보자. 과연 무엇이 나올 수 있는지.

1. 모험을 파는 녹음기 : 세계여행을 하며 쓸 수 있는 동시통역 기능이 내장된 녹음기.
2. 사랑을 파는 녹음기 : 사랑의 메시지를 녹음하면 음악과 음향을 보태고 전송까지 해주는 '사랑의 메신저.'
3. 관심을 파는 녹음기 : 내가 말하면 내 생각들을 활자로 옮겨주고 시계열별로 보관하는 일종의 '녹음 자서전.'
4. 나의 정체성을 파는 녹음기 : 내가 녹음하면 서버에서 보관하고 전달해주는 일종의 '녹음 우체국.'
5. 평안을 파는 녹음기 : 자연의 소리와 명상 음악, 명상 설교가 합쳐진 일종의 '명상 컨텐츠 녹음기.'
6. 신념을 파는 녹음기 : ????????????????????????

즉흥적이고 설익은 아이디어들이지만, 적어도 이런 식으로 재해석을 시도해야만 드림 소사이어티에서 선택될 수 있는 비즈니스 스토리가 만들어진다는 것이다. 그러하기에 우리는 끊임없이 재해석을 향해 가야 한다. 이미 재해석에 성공한 우리나라 시장의 사례에는 어떤 것들이 있을까?

1. 모험판매의 시장 : 이종격투기 K-1
2. 연대감, 친밀감, 우정, 사랑을 위한 시장 : 아이러브스쿨
3. 관심의 시장 : 동서커피문학상
4. '나는 누구인가'의 시장 : 막걸리, 김연아
5. 마음의 평안을 위한 시장 : 도보 체험관광
6. 신념을 위한 시장 : 드라마 〈베토벤 바이러스〉

이 중에서 한 가지 사례를 살펴보자. 동서식품은 커피를 파는 기업이다. 그런데 이 커피 장수가 2년에 한 번씩 '동서커피문학상'을 주최한다. 엉뚱하다고 하기에는 이미 20년의 관록이 붙은, 국내 최대 규모의 여성문학상이다. 왜 커피 장수가 문학상을 주최할까?

물론 엄청나게 착하고 보람 있는 일이기도 하지만, 비즈니스에도 나쁘지 않기 때문이라고 생각한다.

동서식품은 유치하게 "커피 사세요!" 하고 외치지 않는다. 그들의 방식은 당구로 치면 '쓰리쿠션'이다.

"주부 여러분, 문학에 대한 우리의 꿈과 열정은 어디로 갔습니까? 이

제 다시 펜을 잡고 문학의 꿈을 살리십시오! 저희가 돕겠습니다."

소녀시절에 감성 충만한 글 한 편 써보고 싶지 않았던 사람이 어디 있겠는가. 주부들이 동서식품의 메시지에 자극받아 십수 년 만에 펜을 잡고 앉았다. 하지만 삶에 매몰돼 어언 10~20년을 보내고 나니, 펜을 잡아도 글이 안 써지는 게 문제다. 그럴 때 주부들이 자연스레 찾는 것은, 맞다, 한 잔의 커피다.

커피와 문학은 내가 보기에도 궁합이 찰떡이다. 좋은 표현이 떠오르지 않을 때, 첫마디가 풀리지 않을 때는 커피 한 잔 마셔줘야 한다. 하지만 '커피'에만 매몰돼 있는 사람은 결코 '문학'이라는 파트너를 발견하지 못한다.

반면 동서식품이 한 것은 무엇인가? 그들은 집안일에 쫓기면서 점점 억척스럽게 변해가는 주부들을 있는 그대로 바라보지 않는다. 그녀들의 겉모습 몇 겹 아래에는 '문학'으로 상징되는 여린 감성이 잠들어 있다는 것을 바라보고, 그것을 가만히 흔들어 깨웠다. 시인이 "내가 그의 이름을 불러 주었을 때 그는 나에게로 와서 꽃이 되었다"고 노래했듯이, 주부들은 자신을 '문학소녀'라고 불러주는 커피회사의 손짓에 기꺼이 문학소녀가 되어 '커피 한 잔'으로 보답했다. '아줌마'로만 인식되던 대상 속에 꽁꽁 감춰진 '감성'을 건드린 결과다.

동서식품은 그들의 고객들에게 이야기를 쓸 기회를 주었다. 잊고 있었던 그들의 꿈을 찾을 수 있도록 해주었고, 그 보답으로 동서식품의 이야기는 대한민국 주부들의 가슴속에 남게 되었다. 동서식품은 드림 소사이어티가 무엇인지를 일찌감치 알았던 회사다.

뱀장수는 최고의 이야기꾼

영감이 떠올라서 이야기를 만들었다면, 내친 김에 이것을 전파하는 방식까지 생각해보자. 이와 관련해 제일기획 유정근 상무의 이야기는 시사하는 바가 크다. 그는 '경영은 설득이다'라는 주제로 SERI CEO에서 강의를 했는데, 그 핵심은 누군가를 내편으로 만들려면 선생님이 아니라 뱀장수처럼 말해야 한다는 것이었다.

왜일까? 선생님은 정답을 설명하고 이해시키는 일을 하지만, 뱀장수는 신념을 설득하고 팔아야 하는 훨씬 고난도의 일을 하기 때문이다. 뱀장수들은 어떻게 신념을 설득해낼까?

서울에 있는 어느 고깃집에 가보고 너무 재미있어서 이 집 이야기를 동네방네 떠들고 다닌 적이 있다. 이 집의 주력상품은 와인 통삼겹살이다. 그런데 이 삼겹살은 특별하다. 이야기가 있는 스토리 삼겹살이다. 게다가 이야기를 전해주는 능력도 보통이 아니다.

우선 시작은 이렇다. 고기를 시키면 은박지에 싸인 삼겹살이 나온다.

은박지를 벗기면 고기 위에 나뭇잎이 하나 붙어 있다. 손님은 당연히 궁금해진다. "이게 뭐예요?"

"월계수 잎이에요."

"이걸 왜 붙여놨어요?"

"그게, 사연이 있어요."

"???"

직원은 손님에게 책받침 같은 걸 한 장 주고 자리를 뜬다. 책받침에는 월계수 삼겹살의 사연이 적혀 있는데, 대략 이런 내용이다.

"저희는 육질이 가장 좋은 고기를 고객들께 제공하기 위해 각 지방을 돌며 최고의 돼지들을 사오고 있습니다. 그런데 최고의 돼지를 찾는 것은 결코 쉽지 않습니다. 그래서 우리는 동네 별로 '돼지 달리기 대회'를 개최합니다. 1등 한 애가 아무래도 육질이 좋지 않겠습니까? 그래서 저희 집에는 돼지 달리기 대회에서 1등 한 애들만 옵니다. 1등 한 애들에게는 승리의 월계관을 수여합니다. 여러분이 드시는 고기는 1등을 했던 돼지의 것입니다. 그래서 우리는 1등의 증거로 그 돼지가 받았던 월계관에서 잎사귀를 한 잎 떼어 붙여놓았습니다."

이걸 믿는 사람은 없다. 하지만… 재미있어서 여기저기 떠들게 된다. 이 이파리 한 장 덕분에, 그 동네 고깃집이 다 파리를 날려도 이 집은 걱정이 없다. 왜냐하면 사람들이 이 집을 응원해주기 때문이다. 이 고깃집은 선생님처럼 사실(fact)을 말하는 대신 뱀장수처럼 이야기(story)를 들려준다. 또 뉴스처럼 무미건조하게 얘기하지 않고 드라마처럼 얘기했다. 그럼으로써 손님들을 일일이 끌어들이는 대신, 손님들이 알아서 동네방네 소문을 내고 응원하도록 게임의 법칙을 바꾸었다.

우리는 재미있는 이야기를 만나면 즐거워한다. 또 감동이 있는 이야기를 만나면 누구든 사랑하지 않을 수 없게 된다. 그런 점에서 내가 가지고 있는 최고의 자산은 바로 '내 이야기'라고 생각한다.

내가 자라온 이야기,

내가 어려웠던 이야기,

내가 그 어려움을 이겨낸 이야기,

내가 실패한 이야기,

또 내가 성공한 이야기,

그리고 내가 가지고 있는 꿈 이야기.

그 이야기들은 '나다운(original)' 이야기이고, 살아 있는 것들이기에 힘이 있다.

그 속에는 숨어 있는 소중한 것들이 많다. 그것을 꺼내야 한다.

즐겁고 재미있는 것뿐 아니라, 가슴이 쓰리도록 아프고 눈물이 펑펑 나는 애절하고 간절한 이야기들을….

사람들은 그 이야기를 듣고 당신과 친구가 될 것이고, 당신이 만드는 것들을 사랑하게 될 것이다.

그러니, 당신 자신의 이야기를 만들어라! 목숨 걸고.

Insight Question

운명을 바꾸고 싶은가? 그렇다면….

• 내가 이 세상에 선사하고 싶은 것은 무엇인가?

• 그것을 선사하고 싶은 간절하고 특별한 이유가 있다면 무엇인가?

• 그 간절함을 전달할 수 있는 나만의 에피소드, 또는 나의 간절함과 종류가 비슷한 옛날이야기가 있다면 어떤 것들인가?

• 그리고 만들어보자.
내가 이 세상에 선사하고 싶은 간절한 이야기를.

Inspiration Box

세계 최고의 판타지 스토리, 라스베이거스

"당신이 꿈꾸는 베네치아는 베네치아에 없다.
아마도 라스베이거스에 있을 것이다.
당신이 꿈꾸는 로마는 로마에 없다.
아마도 라스베이거스에 있을 것이다."
—〈신동아〉 2006년 8월호

라스베이거스는 하이스토리의 세계에서 둘째가라면 서러운 도시다. 익히 알려졌다시피 라스베이거스는 허허벌판 사막에 '컨셉 건축(concept construction)' 전략을 바탕으로 세워진 인공도시다.

그들의 건축 컨셉은 인문학 속의 이야기를 차용하는 것.

엑스컬리버 호텔은 중세 영국의 판타지를 활용했다. 그냥 외양만 빌려오는 수준이 아니라 중세의 성, 아서왕, 로빈 후드와 셔우드 숲… 이 모든 이야기를 자기네 것으로 만들겠다는 것이다. 이렇게 해놓으면 너무 편하다. 왜? 굳이 자기 입으로 말하지 않아도 전 세계 사람들이 이미 다 알고 있는 이야기들이기 때문에 누구나 쉽게 이해하고

호텔 룩소르

공감할 수 있다. 게다가 선점의 효과가 만점이다. 한번 깃발을 꽂은 이야기는 다른 사람들이 얼씬도 하지 않는다. 따라 해봐야 뒤꽁무니만 쫓아가는 꼴이니 안 한다는 것이다. 경쟁자들은 대신 다른 이야기를 찾아나선다.

호텔 룩소르는 전체 건물을 아예 피라미드 모양으로 만들어버렸다. 고대 이집트 이야기를 다 갖다 쓰겠다는 것이다. 입구에 버티고 있는 초대형 스핑크스는 이 호텔이 어떤 이야기를 하고 싶어 하는지를 말없이 웅변한다.

시저스 팰리스는 한술 더 뜬다. 그리스 로마를 다 자기가 먹겠다는 심산 아닌가.

베네치아 호텔은 르네상스를, 알라딘 호텔은 아라비안나이트를, 뉴욕뉴욕은 뉴욕의 판타지를, 호텔 파리스는 파리의 판타지를, 이런 식으로 라스베이거스는 세계인들이 알고 있는 이야기의 플랫폼을 선점해나간다.

이처럼 이미 있는 이야기, 세계인이 알고 있는 이야기를 갖다 붙이면 우리가 만드는 것들을 더욱 힘 있게 하고, 쉽게 기억하게 하고, 사랑받게 할 수 있다.
그러니 '무조건 새롭게!'만 고집하지 말고 인문학 속에 있는, 세상 사람들이 이미 다 알고 있는 이야기를 전략적으로 활용하는 것도 고려해보기 바란다.

High Slow

9

새로운 세상과
만나는 위대한 느림

Fom remarkable to ORIGIN

오늘은 일찍 집에 가자

이상국

오늘은 일찍 집에 가자
부엌에서 밥이 잦고 찌개가 끓는 동안
헐렁한 옷을 입고 아이들과 뒹굴며 장난을 치자
나는 벌 서듯 너무 밖으로만 돌았다
어떤 날은 일찍 돌아가는 게
세상에 지는 것 같아서
길에서 어두워지기를 기다렸고
또 어떤 날은 상처를 감추거나
눈물자국을 안 보이려고
온몸에 어둠을 바르고 돌아가기도 했다
그러나 이제는 일찍 돌아가자
골목길 감나무에게 수고한다고 아는 체를 하고
언제나 바쁜 슈퍼집 아저씨에게도
이사 온 사람처럼 인사를 하자
오늘은 일찍 돌아가서
아내가 부엌에서 소금으로 간을 맞추듯
어둠이 세상 골고루 스며들면
불을 있는 대로 켜놓고
숟가락을 부딪치며 저녁을 먹자

"이미 제3차 세계대전은 일어나고 있다. 그것은 바로 '시간 전쟁'이다.
어른들이 우리의 아이와 손자, 그리고 앞으로 찾아올 세대를 향해 일으킨 것이다.
결국 우리는 사막으로 변한 세계를 자손들에게 넘겨주게 될 것이다."

– 미하엘 엔데(Michael Ende), 《모모(Momo)》의 저자

정수기와 메가트렌드

IMF 외환위기가 발생하기 전인 1995년을 전후해서 가정용 정수기가 판매되기 시작했다. 좋은 물이 건강한 몸을 만들고, 또 수돗물의 수질도 불안하니 좋은 물을 먹으려면 정수기가 필요하다는 것이었다. 하지만 대당 100만 원이 넘는 가격이 부담스러워서 웬만한 가정에서는 사 쓰기가 쉽지 않았다.

그러고 약 15년이 지난 지금, 수돗물을 그냥 마시는 집은 드물다. 생수를 사먹거나 정수기를 설치하여 정수된 물을 마시고 있다.

그 당시 우리는 몰랐지만, 정수기 사업을 시작했던 분들은 짐작하건대 메가트렌드를 알고 있었던 것 같다. 좋은 물 구하기가 점점 어려워지기 때문에 물 장수가 앞으로 괜찮아지고, 물 시장이 점점 커질 수밖에 없다는 것을. 도시화, 온난화, 고령화라는 메가트렌드 덕분에 물 사업은 지금 번창하고 있다. 물 사업에 날개를 달아준 이 3가지 메가트렌드는 어떤 것인가? 내 생각을 간략히 말해보면 이렇다.

- 도시화 : 도시의 삶은 너무 복잡하고 일 중심이어서 '나'를 만날 수 없게 만든다. 그래서 도시민들의 삶은 찌들고, 영혼은 우울하며, 가족은 가족이 아니라서 너무나 외롭다.
- 온난화 : 지나친 개발로 환경은 파괴되고, 날씨는 불순하며, 자원은 점점 부족해진다. 그래서 사람들은 자연을 만나기 어렵고, 마음뿐 아니라 몸까지 피폐해진다.
- 고령화 : 우울하고 피폐해진 외로운 영혼들이 심지어 오래 살기까지 한다.

이러한 메가트렌드는 누구도 피해갈 수 없고, 그 방향을 절대 뒤집을 수도 없어 보인다. 또한 그 메가트렌드 속에는 새로운 창조의 기회들이 있다. 우리를 둘러싸고 있는 메가트렌드는 또 어떤 창조의 기회들을 만들어낼까?

메가트렌드가 우리에게 주는 핵심 메시지는 단순한 것이다.

한마디로 '사람들은 스트레스와 외로움으로 마음이 아프고, 또 지치고 병들어 몸이 점점 고통 받는다.'

겉은 멀쩡해도 속은 아프고 우울한 것이다. 이런 현상이 생기는 원인은, 우리의 삶이 너무 오랫동안 과속(過速)을 해왔기 때문이다. 그래서 타이어도 많이 닳았고, 엔진소리도 좋지 않으며, 브레이크도 말을 잘 듣지 않고, 와이퍼도 시원치 않은 것이다.

자동차라면 이럴 경우 어떻게 해야겠는가? 정비공장이나 카센터에 가서 부품을 교환하고, 엔진오일도 바꾸고, 세차장에 가서 겉과 속 모두를 깨끗하게 세차해야 한다. 그런 것처럼 우리의 삶도, 생활도, 몸도, 마음도 정비와 세차가 필요하다.

그렇기에 '슬로(slow)'라는 단어는 우리 모두에게 너무나 중요하다. 첫째, 삶의 방식을 보다 행복한 방향으로 돌리려면 우리는 '슬로'라는 단어와 친해져야 한다. 대한민국 국민들은 인류 역사상 세계에서 가장 빠른 삶, 즉 '패스트(fast)' 라이프를 열심히 살아왔지만, 우리의 삶이 그다지 행복하지 않다면 이제 새로운 방향을 노려볼 필요가 있다.

둘째, 그렇기 때문에 슬로라는 단어를 잘 이해하고 해석한다면 새로운 성공의 기회를 찾을 수 있다. 어떤 제품이든, 또 나아가 어떤 산업이든 가치를 획기적으로 높여줄 새로운 단어를 찾고 있다면, 그 단어는 바로 '슬로'다.

그렇기에 모든 산업이 진화하는 방향은 이 개념으로 수렴될 수밖에 없다. 즉 앞으로 모든 산업의 이름은 '슬로 산업'이다.

우리에게 몸과 마음을 치유하는 새로운 기회들이 다가오고 있고, 그 중심에는 '슬로'가 있다. 우리가 추구해온 '오리진'을 완성하기 위해서는 남보다 한발 빠르게 가는 영민함이 아니라, 오히려 2단, 3단으로 놓고 달리던 기어를 1단으로 낮추고 속도를 줄이는 지혜가 필요하다. 한마디로 말하면 우리 스스로 좀 느려져야 한다는 것이다. 생존의 주체로서 나의 삶을 이해하고, 또 창조의 주인공으로서 다른 사람의 고통을 이해하고 어루만지려면, 아픔을 들여다보아야 한다. 기어를 저단으로 바꿔야 삶의 방식을 들여다보고 마음을 어루만질 수 있으며, 그 속에서 우리는 새로운 창조의 오리진을 찾아낼 수 있다.

다시 생각해보는 물질주의와 GNH

20세기는 물질주의 시대였다. 정신적인 것보다는 물질적인 풍요를 실현하는 것이 인간의 행복을 증대시킨다고 믿고, 소위 '경제개발'에 올인해왔다. 그렇게 열심히 달려왔는데 우리는 지금 혼란스럽다. 왜냐하면 지금 행복하지 않기 때문이고, 앞으로는 더욱 어려울 것처럼 보이기 때문이다.

일찍이 1970년대에 부탄왕국의 지그메 싱기에 왕추크 국왕은 GNP(국민총생산)나 GDP(국내총생산) 대신 GNH(Gross National Happiness, 국민총행복)라는 개념을 말하고, 물질 위주의 패러다임에서 정신 위주의 패러다임으로의 변화가 필요하다는 예고편을 내보냈다. GNH는 우리가 가려고 하는 목적지다. 캘리포니아를 가려면 예전에는 앵커리지를 경유해야 했으나 요즘은 직항으로 가는 것처럼, 이제 GNH로 가는 새로운 항로를 찾아야 할 때다. 그 중심에 바로 '슬로'가 있기에, 슬로는 바로 '돈'이다. 그래서 진정한 선수(?)라면 슬로의 가치를 알고, 슬로를 차별화의 요소로 활용하며, 나아가 자신이 지금 하는 사업을 슬로 비즈니스로 만들어내야 한다.

월악산 기 수련원에서 얻은 가르침

2009년 8월 11일이 무슨 날인지 아시는가?

이 날은 내가 개인적인 생활패턴을 바꾼 날이다. 구체적으로 말하면…

이 날 나는 장하게도, 담배를 끊었다. 30년 넘은 습관을 바꾸기 시작하는 데 성공한 것이다.

한번 생각해보았다. 나는 왜 그동안 담배를 끊지 못했을까?

흡연이 건강에 나쁘다는 걸 몰라서 못 끊는 사람은 아무도 없다.

안 좋다는 것을 알면서도 끊을 수 없었던 이유는 나의 삶의 방식 때문이다. 나는 늘 무엇인가를 보여주어야 한다는 강박이 있었고, 또 그러지 못할까 봐 불안했다. 수십 년 동안 조급한 생활을 해온 것이다.

흡연자들이 담배를 끊기 어려운 것은 담배가 좋지 않다는 것을 결코 몰라서가 아니다. 그들의 라이프스타일이 빠른 탓에 슬로의 세계로 들어갈 수 없기 때문이다.

느리게 산다는 것은, 삶의 방식을 완전히 바꾸는 것이다. 그러고는 기존의 라이프스타일을 반성하고 다시 정의하는 시간을 가진다는 것이다. 이것이 왜 중요한가? 나는 이 지혜를 어느 도사님에게서 얻었다.

몇 년 전에 어느 산속 기(氣) 수련원에서의 경험이 떠오른다. 애초에 기 수련원을 찾은 데는 이유가 있었다. 그런 정신상품(?)을 파는 분들은 과연 어떤 원리와 이론을 가지고 있는지 궁금했던 것이다.

매우 과묵하셨던 원장님께 어렵게 들은 몇 마디의 핵심은 다음과 같은 것이다.

현대인이 아픈 이유는 몸과 마음의 밸런스가 깨졌기 때문이라는 것이다. 이걸 바로잡아야 하는데, 보통 사람들은 대부분 '마음을 다잡아야지' 하고 생각한다. 그게 잘못됐다는 것이다. 가령 골초가 '담배를 끊어야지' 하고 마음을 아무리 백번 천번 먹어봐도 쉽게 끊어지지 않는다. 마음을 변화시킨다는 것 자체가 너무 어렵기 때문이다. 그래서 그분의 말씀은, 순서를 바꿔야 한다는 것이었다. 그들이 오랜 수련을 통해 깨달은 진리는 바로 그것이었다.

'우리가 먼저 몸을 귀하게 대접해주면 몸이 금방 정신을 차리고, 몸이 정신을 차리면 마음은 그에 따라 절로 변하게 된다.'

그리고 나서 그분은 몸을 귀하게 대접해주는 3가지 역량을 가지고 있을 뿐이라고 겸손하게 말했다. 그 3가지는 기(氣) 체조, 기(氣) 마사지, 그리고 단식이다. 그곳에 머무는 동안 이 3가지를 통해 몸을 귀하게 대접해주는 방법을 배워간다면, 오래지 않아 놀라운 일이 벌어질 것이라고 했다.

기 체조는 특별한 호흡과 동작을 통해 에너지를 충전하는 것이고, 기 마사지는 내 몸을 구석구석 만지는 것이다. 머리끝에서 얼굴, 목, 겨드랑이, 허리, 허벅지, 종아리, 발바닥까지…. 평소에 손길 한번 안 주던 곳을 그야말로 구석구석 주무르게 된다. 그런데 이 효과가 놀랍다. 몸을 만지다 보니 자연스럽게 이런 생각이 들었다.

'얘들 너무 안됐다. 주인을 잘못 만나서. 어휴, 근육은 하나도 없고,

완전 물이네 물. 그동안 너무 함부로 썼구나. 이렇게 해서는 내가 정말 소중한 걸 잃어버리겠구나.'

자신에게 정말 소중했던 걸 그동안 못 보고 있었다는 반성이 절로 들었기에, 엄청난 골초였던 내가 그날부터 흡연을 자진해서 중단했다. 내 몸에게 너무 미안해서, 누가 옆에서 끊으라고 한 것도 아닌데 스스로 금연을 결심하였던 것이다. (물론 몇 달 뒤에 다시 피웠다가 나중에야 끊었지만.) 당시 이 일은 내게 놀라운 경험이었고, 그때야 비로소 원장님 말씀의 뜻이 무엇인지를 실감할 수 있었다.

몸을 귀하게 대접해주면 몸이 금방 정신을 차리고, 마음은 절로 따라 변한다.

2010년 1월, 나는 회사를 옮겼다. 지금의 나를 만들어준 세계적인 기업 삼성을 떠나 천안에 있는 중견기업 세라젬으로 옮겨갔다. 소위 '월급쟁이'가 아니라 '파트너'로서 위치가 바뀌었기에 용감하게 옮기긴 했지만, 걱정과 두려움에 밤잠을 이룰 수가 없었다. 내가 가장 익숙한 환경을 버리고 너무나 낯선 곳에 갔기 때문에 걱정스러웠고, 또 과연 내가 낯선 곳에서도 훌륭한 성과를 만들어낼 수 있을지 너무나 두려웠기 때문이다.

그토록 어렵고 불안했을 때, 월악산에서의 기억이 되살아났고, 그 기억은 앞으로 세라젬이라는 회사에서 내가 무엇을 해야 할지 알게 해주어, 내가 새 출발을 하는 데 커다란 도움이 되었다. 수련원에서의 가르침을 기억하며, 세라젬이라는 회사를 앞으로 몸과 마음을 귀하게 대접해주는 솔루션 기업, 힐링 컴퍼니(healing company)를 지향하는 기업으로 만들겠다는 꿈을 품게 된 것이다.

슬로 라이프와 슬로 비즈니스에 관심이 있다면, 우리 모두는 우리의 몸을 다시 보아야 한다. 우리 몸이 우리에게 하는 소리를 들어야 한다.

슬로 라이프, 'FINISH &T'

인간이라는 시스템은 실로 놀랍고도 완벽한 시스템이다.

놀랍다고 생각하는 이유는, 문명을 만들어낸 대단히 창조적인 생산 시스템이기 때문이다. 인간은 뇌 활동을 통해 생각하고 학습하고 협력을 해서 새로운 것을 창조해낸다. 또 이러한 창조는 생각하고, 말하고, 글을 쓰고, 그림을 그리고, 무엇인가를 만들고, 행한다. 여기서 중요한 것은 몸과 마음은 절대로 분리될 수 없는 통합된 하나의 시스템이라는 것이다.

또 인간이 완벽하다고 생각하는 이유는, 생존과 창조의 과정에서 발생하는 아픔과 스트레스, 그리고 질병을 스스로 치유할 수 있는 복원력을 보유한 시스템이기 때문이다. 하지만 도시화가 급진전되어 인간은 소외되고, 온난화로 인해 자연과 환경이 파괴됨으로써 복원력은 잘 작동하지 않는다.

너무 바쁘게 사느라 우리는 '나'를 만날 시간이 없다. 어쩌면 세상에서 가장 만나기 어려운 사람이 바로 '나' 자신이 아닌가 싶다. 나를 만나려면 명상을 통해 성찰의 시간을 가져야 한다. 사람들은 나를 만나게 되면 원래의 상태로 돌아갈 수 있다. 명상을 통해 나를 만나면 반성을 하게 되고, 그러면 겸허해지고, 감사하게 되며, 또 비로소 내가 가진 것들을 진심으로 사랑하게 된다. 하지만 우리는 너무 바빠서 이 시간을 가질 수 없다.

그렇다면 슬로 라이프로 삶의 방식을 바꾸기 위해서는 어떻게 해야 할까? 또 내가 하는 일들을 슬로 비즈니스로 만들어내려면 어떤 생각의 필터들을 적용해야 할까? 궁금증이 일어서 '느림'에 관한 책을 여러 권 읽어보았다. 그 결과 '빠름'과 '느림'을 구별하고, 진정한 '느림'을 만날 수 있는 7가지 필터들을 내 나름대로 찾아낼 수 있었다.

그 필터들은 우리 삶의 방식을 혁명적으로 바꾸는 것들로서, 지금의 방식에 익숙한 우리로서는 받아들이기가 결코 쉽지 않은 것들이다. 하지만 그렇다고 해서 마냥 피할 수만도 없는 것들이기에, 한꺼번에는 어렵더라도 한 가지씩 생활 속에 새겨나갈 필요가 있어 보인다. 또 그 필터들을 나의 비즈니스에 한 가지씩 적용해보기 시작하면 뜻밖의 영감들과 만나게 될 것이다. 그 7가지 필터들을 기억하기 쉽도록 정리한 것이 'FINISH & T' 공식이다.

Family 일 중심 ▶ 모든 의사결정의 기준을 가족에 두는 '가족 제일주의'로 전환
Inside Richness 물질의 부 ▶ 내면적 부, 정신적인 부를 믿고 철학 있는 삶을 추구
Nature 도시, 문명 ▶ 자연과의 거리를 좁히고, 자연 속에 들어가 있는 시간을 획기적으로 확대
Intimacy 권위, 침묵 ▶ 누구와도 격의 없고 친밀한 친구가 될 수 있는 삶의 방식을 추구
Small 큰 것, 한 방, 대박 ▶ 작고 소중한 하나하나의 인연을 중시하고 축적해나감
Human 가식, 과시 ▶ 실수와 사과, 자랑과 반성, 소탈하고 인간미 넘치는 생활을 지향

여기까지가 'FINISH', 즉 빠른 삶의 패턴을 끝내는 방식이다. 그렇다면 'T'는 무엇인가? 그것은 'Thrifty'다. 앞서 말한 6가지를 가능하게 하는 것은 다름 아닌 '검약'이다.

Thrifty 풍요, 사치 ▶ 노동, 검약, 절제, 봉사를 생활의 가장 중요한 기본으로 정하고 실천

아마 느낌으로 아셨겠지만, 이 7가지 가운데 T가 가장 중요하다. 기존의 빠른 삶을 끝내려면(FINISH), 검약해야 한다. 최신형 자동차, 더 넓은 집을 사고 싶은데 어떻게 돈을 안 벌고 여유를 즐길 수 있겠는가. 또 샤넬 백이 집에 있는데 어떻게 외출을 하지 않고 가족들과 시간을 보낼 수 있겠는가.

산화와 환원, 그리고 라마단의 지혜를 우리 삶에도!

'인간은 산소 때문에 살고 산소 때문에 죽는다'는 말이 있다. 이 말은 산화와 환원 작용을 가리키는 것이다. 산화(酸化)란 어떤 물질에 산소가 결합해 이상(異常)이 생기는 것이고, 환원(還元)은 산화를 원래 상태로 되돌려놓는 것이다. 산화의 대표적인 예가 음식을 먹고 소화하는 과정이다. 이를 통해 세포는 분해된 영양소와 산소를 받아들이기 때문에 산화는 없어서는 안 될 귀중한 생존의 과정이다. 반면 우리 몸의 장기가 손상되고 암에 걸리는 것도 산화 작용 때문이다.

그렇다면 산화는 과연 물질과 육체에만 일어나는 현상일까? 세월이 지날수록 우리의 마음과 영혼 또한 날마다 급속히 산화돼왔다. 지난 반세기 동안 대한민국은 인류 역사상 가장 빠른 속도로 산화 과정을 밟아오지 않았을까 싶다. 이 땅의 아버지들은 새벽에 가정을 나와 밤늦게까지 일에 매몰돼 직장과 그 주변을 배회했다. 자식들은 치열한 입시경쟁에 내몰려 청춘의 귀한 시간을 학교와 학원에 쏟아 부었다. 그러는 동안 우리네 가정은 최악의 산화를 맞이하고 말았다.

각자의 일을 열심히 하면 행복이 찾아올 것이라고 믿었던 것은 커다란 착각이었고, 환상이었다. 아버지와 자식 간의 소통, 부부간의 대화가 사라진 가정이 늘어나고, 반대로 스스로 행복하다고 여기는 가정은 찾아보기 힘든 게 현실이다. 그 대신 더 많은 돈과 더 넓은 아파트, 사치스러운 명품에 몰두하거나 권력과 명예에 목숨을 걸고 산다. 산화된 것은 사회도 마찬가지다. 세상을 놀라게 한 부녀자 연쇄살인을 비롯해 엽기적이고 패륜적인 사건들을 보면서 우리 사회가 얼마나 심각하게 산화돼 있는지 느낀다.

지금 우리에게는 산화된 마음과 영혼을 환원시켜야 하는 몇 배 어려운 과정이 남아 있다. 마음속에 산화된 녹을 없애는 영혼의 항산화 작용을 만들어내야 한다.

이슬람교에는 '라마단(Ramadan)' 기간이 있다. 한 달 가까이 의무적으로 해가 떠 있는 동안 음식과 물, 성관계까지 금지하고 날마다 다섯 번씩 기도를 드린다. 라마단은 비록 고통스럽지만 부자와 가난한 자, 권력자와 서민이 잠시 멈춰 서서 삶의 방식과 흔적을 돌이켜보게 만든다. 때로는 욕망과 증오 등 균형 잃은 마음을 반성하는 성찰과 정화의 시간이 되기도 한다. 때로는 역지사지의 마음으로 고백하고 용서하는 화해와 협력의 시간을 보낸다. 한마디로 '환원의 시간'이다.

불교에서도 하안거(夏安居)와 동안거(冬安居)란 기간을 정해두고 가장 더울 때, 가장 추울 때 참선을 통해 자신을 돌아볼 시간을 마련하고 있다. 이 또한 마음에 덮인 녹을 지우고 새롭게 출발할 힘을 얻는 환원의 시간이라 할 수 있다.

20세기는 물질주의 시대였다. 정신적인 것보다는 물질적인 풍요를 실현하는 것이 사람들의 행복을 증대시킨다고 믿어 의심치 않았다. 하지만 우리 앞에 놓인 영혼과 정신의 위기를 치유하지 못한다면, 산화될 대로 산화돼버린 우리 마음을 환원시키고 정화시키지 못한다면 어떻게 될까. 아마도 행복과 번영이라는 최종 목적지는 더욱 멀어질 것이다.

우리도 각자의 혼탁해진 영혼과 사회 시스템의 문제들을 치료할 라마단 기간을 가질 필요가 있다. 겸허한 마음으로 성찰의 여행을 떠나야 한다. 조급함과 불안함을 가라앉히고 잠시 멈춰 서서 그동안 잊어온 소중한 것들을 기억해내야 한다. 밤거리 대신 가정으로 돌아가고, TV와 컴퓨터를 끄고 가족과의 대화를 시작해야 한다. 물질의 부(富)뿐 아니라 내면의 부를 쌓아야 한다. 검약과 노동이 주는 행복이 무엇인지 다시 느낄 수 있어야 한다.

메마른 사막에서 어린 왕자를 찾은 생텍쥐페리처럼, 우리도 라마단을 통해 잃어버린 것들을 되찾을 때다. 우리 모두 느림을 바라보자. 느림 속에는, 또 느림을 통해 만나는 성찰 속에는 새로운 창조의 씨앗이 있고 진정한 '오리진'을 만들 수 있는 기회가 있다. 느림이 산업이 되고, 경쟁력이 되는 시대가 오고 있다.

완행열차

허영자

급행열차를 놓친 것은 잘된 일이다
조그만 간이역의 늙은 역무원
바람에 흔들리는 노오란 들국화
애틋이 숨어 있는 쓸쓸한 아름다움
하마터면 나 모를 뻔하였지

완행열차를 탄 것은 잘된 일이다
서러운 종착역은 어둠에 젖어
거기 항시 기다리고 있거니
천천히 아주 천천히
누비듯이 혹은 홈질하듯이
서두름 없는 인생의 기쁨
하마터면 나 모를 뻔하였지

Insight Question

운명을 바꾸고 싶은가? 그렇다면….

• 내가 하는 일에 '슬로'를 추구하려면 다음 중 어떤 가치를 더해야 할 것인가?

Family 일 중심 ▸ 모든 의사결정의 기준을 가족에 두는 '가족 제일주의'로 전환
Inside Richness 물질의 부 ▸ 내면적 부, 정신적인 부를 믿고 철학 있는 삶을 추구
Nature 도시, 문명 ▸ 자연과의 거리를 좁히고, 자연 속에 들어가 있는 시간을 획기적으로 확대
Intimacy 권위, 침묵 ▸ 누구와도 격의 없고 친밀한 친구가 될 수 있는 삶의 방식을 추구
Small 큰 것, 한 방, 대박 ▸ 작고 소중한 하나하나의 인연을 중시하고 축적해나감
Human 가식, 과시 ▸ 실수와 사과, 자랑과 반성, 소탈하고 인간미 넘치는 생활을 지향
Thrifty 풍요, 사치 ▸ 노동, 검약, 절제, 봉사를 생활의 가장 중요한 기본으로 정하고 실천

• 그것을 선사하고 싶은 간절하고 특별한 이유가 있다면 무엇인가?

• 그것이 포함된 새로운 가치의 컨셉을 정한다면, 무엇이라고 말할 수 있는가?

Inspiration Box

클리나멘(clinamen)

우리는 너무 바삐 살아왔다. 새로운 것을 만들어내려면 생각할 시간이 있어야 하고, 다른 분야를 기웃거려볼 여유가 있어야 창조도 가능한데 말이다. 그것은 단지 속도의 문제가 아니라 사는 방식의 문제인 것 같다. 세상에 새로운 선물을 선사하고 싶다면 삶의 방식을 바꿔볼 필요가 있다.

루틴한 삶과 타성에서 벗어나는 시도, 그것을 표현하는 단어 중 하나는 '클리나멘(clinamen)'이다. 물리학에서 클리나멘은 관성적인 운동과 중력으로부터 벗어나려는 힘이다. 또 철학에서 클리나멘은 타성과 관성에 맞서 기성을 벗어나려는 이탈을 의미한다. 기존의 방식을 벗어나는 이탈을 하되 결코 도피적인 이탈이 아니라, 새로운 자유와 생성을 지향하는 생산적 이탈, 창조를 위한 이탈인 것이다.

건축가 이충기 교수는 이렇게 말한다.

"고속도로 여행자가 질주하던 고속도로를 벗어나 휴게소로 진입하는 것은 일종의 클리나멘이다.

기차 여행이 목적지를 정하고 일정한 선(線)을 가야 하는 이탈할 수 없는 이동방식인 반면, 자동차 여행은 여행자의 의지에 따라 목적지를 바꿀 수 있고, 휴게소 진입도 가능한 클리나멘형 이동방식이다. 휴게소라는 새로운 공간으로 이탈하고 싶다면 그대로는 곤란하다. 속도를 줄이고, 동선을 바꾸며, 나아가 시선을 바꾸어야 한다."

자동차 여행뿐 아니라, 우리의 삶도 클리나멘적이어야 한다.
먼저 삶의 속도를 줄여야 그동안 못 만났던 것들과 다시 만날 수 있다. 삶의 기어를 저단으로 변속해야 하는 것이다. 둘째, 익숙한 길을 버려야 한다. 설렘을 넘어 두려움이 느껴진다 해도 우리는 새로운 방식을 찾아야 하고, 내면적이고 정신적인 세계로의 모험을 감행해야 한다. 셋째, 관심을 바꿔야 한다. 크고 화려하고 물질적인 것 대신, 작고 따뜻하고 인간적인 세계로 돌아가야 한다.

구분	내용	키워드	핵심감정
속도의 이탈	감속하지 않고는 크게 변화할 수 없다	빠름(fast) → 느림(slow)	쉼, 휴식, 여유
동선의 이탈	익숙한 길을 버려야 새 길을 갈 수 있다	판에 박힌 일(routine) → 모험(adventure)	도전, 용기, 모험
시선의 이탈	관심과 생각을 바꿔야 소중한 것이 보인다	이성(logic) → 감성(sense)	마음, 울림, 함께

High Action

10

오리진이 되어
세상을 바꿔라

Fom remarkable to ORIGIN

나 하나 꽃 피어

조동화

나하나 꽃 피어
풀밭이 달라지겠냐고
말하지 말아라.
네가 꽃 피고 나도 꽃 피면
결국 풀밭이 온통
꽃밭이 되는 것 아니겠느냐.

나하나 물들어
산이 달라지겠느냐고도
말하지 말아라.
내가 물들고 너도 물들면
결국 온 산이 활활
타오르는 것 아니겠느냐.

High Action

"넌 네가 누구인지 아니? 넌 하나의 경이(驚異)야. 넌 독특한 아이야.
이 세상 어디에도 너와 똑같이 생긴 아이는 없어. 네 몸을 한번 살펴봐.
너의 다리와 팔, 귀여운 손가락들이 움직이는 모양은 모두 하나의 경이야.
넌 미켈란젤로, 셰익스피어, 베토벤 같은 사람이 될 수 있어.
넌 그 어떤 것도 해낼 수 있는 능력이 있어. 넌 정말로 하나의 경이야."
—파블로 피카소

스스로 창조하는 자, 오리진이 되는 법

우리는 지금까지 '오리진'이 되는 데 필요한 새로운 영감을 찾는 여행을 해왔다. 물론 '오리진'이란 정답이 없는 세상이기에, 누구도 '이것이다' 하고 핵심 비법을 말해줄 수는 없다. 하지만 숨겨진 가치를 찾아내기 위해서는 남이 보지 못하는 것을 볼 수 있어야 하기에, 나의 짧은 경험을 바탕으로 보이지 않는 것들을 볼 수 있는 9가지 영감의 열쇠들을 소개했다.

이 열쇠들을 찾기 위한 여행을 해오신 모든 분들께 감사드리며, 여행 동안 이곳저곳에서 새로운 영감과의 소개팅을 즐기셨기 바란다. 이 마지막 장에서는 그렇게 찾아낸 영감들을 어떻게 완성시킬 것인지에 대해 생각해보고자 한다.

먼저 여러분의 기억과 활용을 돕기 위해 그 9가지 열쇠들의 속성을 정리해보면 다음과 같다.

- 오리진을 만드는 내 안의 3박자 : Soul, Mix, Touch
- 오리진을 찾아내는 사랑의 3자매 : Love, Pain & Joy, Slow
- 오리진을 선사하는 감각의 3국지 : Time & Place, Concept, Story

오리진을 만드는 내 안의 3박자 : Soul, Mix, Touch

오리진을 창조하기 위해서는 내 안에 몇 가지 준비가 필요한 것 같다.

먼저 무엇인가 특별한 것을 갈망하는 꿈이 있어야 한다. 그 높은 꿈이 바로 하이소울이다. 세상 사람들을 미치도록 행복하게 만들어주고 싶은 꿈이 바로 하이소울의 세계다. 소울이 중요한 이유는, 소울의 높이가 우리가 꺼내 쓸 수 있는 상상력의 높이이기 때문이다. 이것을 나는 '대담한 영혼'이라 부르고 싶다.

두 번째, 이 세상에 새로운 것은 존재하지 않기에, 모든 새로운 것은

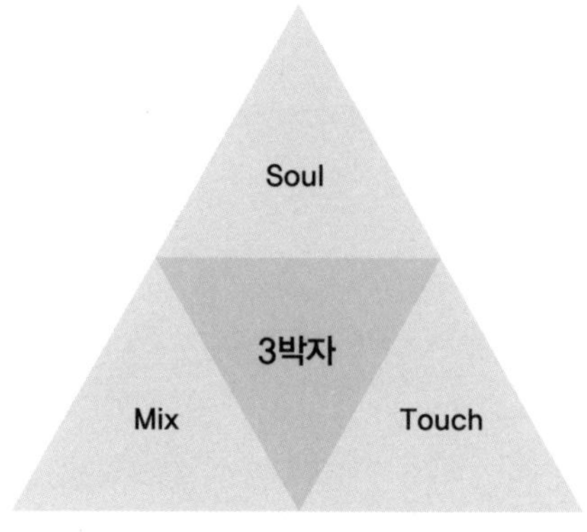

오리진을 만드는 내 안의 3박자

결국 융합의 아이들이라는 것을 믿어야 한다. 이것이 하이믹스의 세상이다. 그래서 우리는 융합의 재료들을 풍요롭게 만들기 위해 끊임없이 낯선 세상과 만나는 것을 즐겨야 한다. 융합은 재료의 싸움이기 때문이다. 그래서 나는 이것을 '풍부한 재료'라고 부른다.

세 번째, 내가 가장 아끼고 소중하게 생각하는 것을 세상과 나누려는 마음이 있어야 한다. 이것이 바로 하이터치의 세상이다. 우리가 쉽게 쓰고 있는 단어인 '하이터치'는 아주 특별한 세계관에서만 잉태되는 일종의 축복이다. 왜냐하면 아무도 주지 못하는 것을 찾아냈을 때에만 탄생하는 것이기 때문이다.

오리진을 찾아내는 사랑의 3자매 : Love, Pain & Joy, Slow

가치의 세상은 결코 크고 거창한 것만이 아니다. 의외로 보이지도 않는 구석 공간에서 우리는 소중한 것들을 발견한다. 모든 것이 고도화된

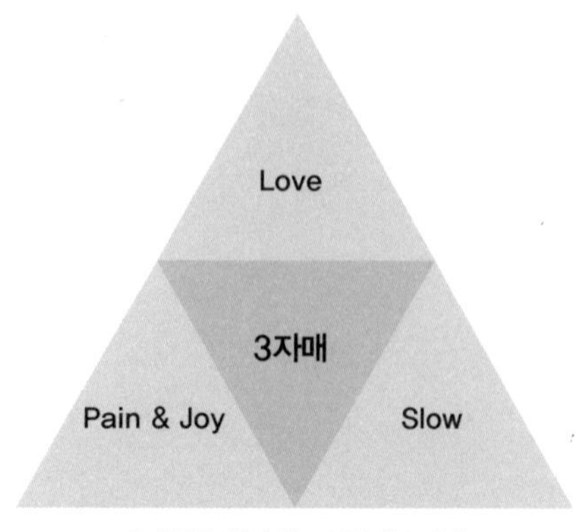

오리진을 찾아내는 사랑의 3자매

지금, 어쩌면 새로운 것들은 아주 작은 것들에서 비롯될 수 있다. 비록 눈에 잘 보이지는 않지만 섬세한 사람들, 소심한 사람들, 쪼잔한(?) 사람들은 볼 수 있는 것들이다.

첫째, 연애소설에나 나오는 떨림, 두근거림, 애절함으로 세상을 사랑하면, 우리는 볼 수 있다. 사람들의 외로움, 그리움, 슬픔, 아픔, 불편함 등을…. 그래서 애절한 사랑인 하이러브는 보이지 않는 것을 보는 힘이라 할 수 있다.

둘째, 사람들의 아픔을 더 이상 피하지 않고 그것들을 따라 들어가보면, 아픔의 근원이 되는 검은 연기들을 만나게 된다. 이 연기들을 향기로 바꿔낸다면, 그것은 새로운 오리진이 된다.

셋째, '모든 불행은 가정에서 시작된다'는 말이 있다. 그 이유는 우리가 너무 빨리 달려왔기 때문이다. 그래서 지금은 가족이 아픔이 되고, 상처를 주는 세상이다. 이것을 해결할 다른 방법은 없다. 삶의 기어를 슬로로 바꾸지 않는다면, 행복이란 없다. 그래서 슬로는 오리진을 만드는 중요한 샘물이다.

오리진을 선사하는 감각의 3극지 : Time & Place, Concept, Story

가치는 보이지 않는 것이지만, 세상을 움직이고 사람들을 바꾸는 힘이다. 우리 모두는 늘 새로운 가치를 창출하려 애쓰지만, 때로는 기대했던 일들이 한 가지도 일어나지 않아 허탈해지거나 허무해지는 일이 없지 않다. 그런 일이 발생하지 않으려면 몇 가지 장치가 필요해 보인다.

첫째, 모든 새로운 것들은 결국 우리에게 새로운 시간을 준다. 그래서 우리가 꿈꾸는 것들 속에는 시간의 장치가 있어야 하는 것이다. '어떤 시간을 선사하게 될까?' 이 질문에 답할 수 있는 새로운 시간이 들어 있다면, 그것은 또 하나의 오리진이 될 수 있다.

오리진을 선사하는 감각의 3극지

둘째, '엉뚱하면서도 가치 있는' 역설의 장치가 필요하다. 또한 이 역설을 이루어내고 전달할 수 있는 강력한 개념과 단어가 있어야 한다. 이것이 하이컨셉이다. 하이컨셉에는 늘 역설이 숨어 있기에 사람들을 놀라게 하고, 열광하게 한다.

셋째, 심금을 울릴 수 있는 열광의 장치가 필요하다. 열광을 끌어내기 위해서는 공감시키거나 감동하게 해야 한다. 그것은 살아 있는 이야기만이 할 수 있는 일들이다. 아름답고 희생적인 사랑, 머리칼이 쭈뼛 서는 모험담, 음모와 실패를 딛고 만들어낸 역전, 그리고 갈등과 화해 위

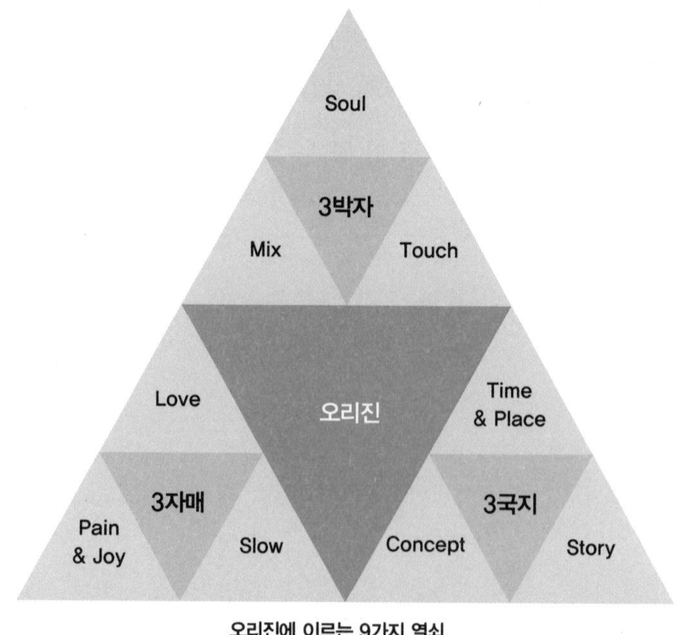

오리진에 이르는 9가지 열쇠

에 피어난 성장과 변신 등, 살아 있는 이야기는 언제나 우리를 흥분시키고 동네방네 이야기꽃을 피우게 한다.

새로운 영감의 뒤에는 새로운 전쟁이 기다리고 있다

새로운 가치가 담긴 영감을 찾아내는 것은 너무나 어렵다. 먼저 보이지 않는 가치를 볼 수 있어야 하고, 또한 남들이 보지 못한 것을 보아야 하기 때문이다. 이렇게 어려운 과정을 거쳐 찾아낸 영감이 있어도, 창조의 꽃을 피우기 위해서는 무수한 시련의 가시밭길을 걸어야 한다.

세계적인 디자이너 피에르 가르뎅(Pierre Cardin)은 이렇게 말했다.

"난 다른 사람들에게 욕먹는 일에는 이미 이골이 났습니다.

내가 혁신적인 디자인을 선보일 때마다 사람들은 만신창이가 될 때까지 그 디자인을 헐뜯고 비난했죠.

그런데 그렇게 욕하던 사람들도 결국 내가 만든 옷을 입더군요."

창조적인 사람들은 늘 전투적이다. 가치의 벽과 경제성의 벽은 물론이고, 인식의 벽, 관념의 벽을 넘어야 하기 때문이다. 그래서 이 전쟁에서 이기려면 특별한 힘이 있어야 한다. 그 힘은 바로 '집중력'이다.

내가 생각하는 집중력은 몸과 마음이 하나가 될 때 나오는 힘이다. 사람의 몸과 마음이 하나가 되면 엄청난 힘이 발휘되어 때로는 '초인적' 또는 '기적'이라는 수식어가 따라붙는다. 모든 성공의 뒤에는 집중력이 있고, 성공한 사람들은 집중력이 강한 사람들이다. 획기적인 아이디어를 찾아내도 집중력이 따르지 않는다면 설득에 실패하고, 개발에 실패하고, 판매에 실패할 수밖에 없다. 그래서 오리진이 되기 위해서는 영감의 열쇠뿐 아니라 실행의 열쇠인 '집중력'이 중요하다.

빅터 프랭클(Viktor Frankl)의 책《죽음의 수용소에서(Man's Search for Meaning)》는 집중의 힘을 이렇게 묘사한다.

"끝까지 살아남은 사람들, 나치 수용소에서 끝까지 살아남은 사람들은 가장 건강한 사람도, 가장 영양상태가 좋은 사람도, 가장 지능이 우수한 사람도 아니었다. 그들은 살아야 한다는 절실한 이유와 살아남아서 해야 할 구체적인 목표를 가진 사람들이었다. 목표가 강한 의욕과 원동력을 지속적으로 제공했기 때문에 살아남을 수 있었던 것이다!"

집중력을 발휘하는 조건은 무엇일까? 몇 가지로 나누어 생각해볼 수 있을 것 같다.

- '할 수 있다'는 자신감
- 즐겁게 미쳐라
- 올인

집중력 발휘조건 1 : '할 수 있다'는 자신감

내가 함께 일하고 만났던 분들 중에는 남다른 창조관을 가지고 한국을 이끄는 훌륭한 CEO들도 많았지만, 또 의외로 '창조는 너무 거창한 것 아니냐'며 조심스러워하는 분들도 많았다. 아마도 새로운 길을 만드는 것에는 커다란 위험이 도사리고 있기 때문일 것이다. 또는 다른 사람들을 설득해야 하는 것을 창조보다 더 큰 고난으로 생각하기 때문일 수도 있다. 하지만 이 고난과 맞서지 않는다면, 미래는 없다.

새로운 도전이 두렵고 불안할 때마다, 나는 이 말을 되뇐다.

"긍정은 천하를 얻고, 부정은 깡통을 찬다."

1975년 어느 날, 박정희 대통령이 현대건설 정주영 회장을 불렀다. 오일달러가 넘쳐나는 중동국가에서 건설공사를 할 의향이 있는지 타진하기 위해서였다. 이미 다른 사람들은 너무 더워서 일을 할 수 없고, 건설공사에 절대적으로 필요한 물이 없어서 불가능하다는 답을 한 터였다.

미션을 받고 한달음에 중동에 다녀온 정 회장은, 대통령에게 이렇게 보고했다. "중동은 이 세상에서 건설공사 하기에 제일 좋은 지역입니다."

"왜요?"

"1년 열두 달 비가 오지 않으니 1년 내내 공사를 할 수 있고요."

"또요?"

"건설에 필요한 모래, 자갈이 현장에 있으니 자재 조달이 쉽고요."

"물은?"

"그거야 어디서든 실어오면 되고요."

"50℃나 되는 더위는?"

"낮에는 자고 밤에 시원해지면 그때 일하면 됩니다."

1970년대를 상징하는 중동 붐은 이렇게 시작되었다.

이처럼 긍정은 '할 수 있다'는 자신감이 '할 수 없다'는 두려움을 이기는 것이 아닐까 생각한다. 그런 점에서 고 정주영 회장께서 자주 하던 말씀, "임자, 해보기나 했어?"는 우리에게 용기를 준다.

"할 수 없어도 할 수 있다고 말하자.
지금 할 수 있다고 말하지 않으면 영원히 기회는 없다.
우선 '할 수 있다'라고 말하자."
－나카타니 아키히로(中谷彰宏), 일본 작가

'할 수 없다'라는 말을 피하라. '할 수 없다'라는 말은
글로 쓰건 말로 하건 세상에서 가장 나쁜 말이다.
그 말은 욕설이나 거짓말보다 더 많은 해를 끼친다.
그 말로 강인한 영혼이 수없이 파괴되고 그 말로 수많은 목표가 죽어간다.
그 말이 당신의 머릿속을 점령하지 않도록 하라.
그러면 당신은 언젠가 당신이 원하는 것을 얻을 것이다.
－에드가 게스트(Edgar Guest), 〈결실과 장미〉 중

집중력 발휘조건 2 : 즐겁게 미쳐라

버진그룹의 CEO인 리처드 브랜슨(Richard Branson)은 모든 의사결정의 중심에 '즐거움' 또는 '재미'를 두고 있다. 목숨을 걸고 감행하는 기구여행과 각종 퍼포먼스로 그는 늘 신문의 머릿기사를 장식한다. 한마디로 도전과 즐거움에 미치는 것이다.

그는 자신의 회사가 '즐거움'이란 가치를 파는 회사라고 말한다. "나는 열심히 일할 뿐 아니라 열심히 논다. 그리고 목표에 대한 명확한 신념을 갖는다. 새로운 것에 도전하며, 상상한 것을 실현한다. 내 꿈과 내 열정에 솔직한 것, 그것이 내 삶이고 나의 경영이다."

미친 사람들은 우리가 보기에는 미쳐 보이지만, 스스로가 보는 그들의 삶은 즐겁다. 왜냐하면 그들이 꿈꾸고 하고 싶은 일, 좋아하는 일에 빠져 있기 때문이다. 그 미친 것 같은 즐거움이 그들의 도전을 계속하도록 만드는 힘이다. 이처럼 우리에게도 즐겁게 미칠 수 있는 일이 필요하다. 만약 9개의 열쇠들을 통해 어떤 씨앗을 찾아냈다면, 이제부터는 거기에 미쳐야 한다. 즐겁게 미쳐서 재미있게 놀아야 하는 것이다.

수적천석(水滴穿石)이란 말이 있다. 작은 물방울도 끊임없이 떨어지면 단단한 바위를 뚫는다는 뜻이다. 비록 시작은 미약한 아이디어로 출발하지만, 즐겁게 미치다 보면 창대한 결과를 얻을 수 있을 것이다.

"재미가 없다면, 왜 그걸 하고 있는 건가?"
－제리 그린필드(Jerry Greenfield), 밴앤제리 창업자

"자신이 하는 일을 재미없어하는 사람치고 성공하는 사람 못 봤다."
－데일 카네기(Dale Carnegie)

집중력 발휘조건 3 : 올인(all－in)

승부사들은 기회가 왔을 때, 모든 것을 건다. 모든 것을 걸어야 승부가 나기 때문이다. 또 실패했을 때 결과를 받아들일 각오가 되어 있기 때문이다. 올인은 하이리스크 하이리턴(high risk high return)의 세계에서 승부사들이 사용하는 일종의 필살기다.

그렇다고 해서 이들이 아무 때나, 아무것에나 올인하는 것은 결코 아니다. '진실의 순간'이 아니면 올인의 가치가 없기 때문이다. 이처럼 올인은 아무나 쓸 수 있는 기술이 아니기 때문에, 올인의 기회는 아무에게나 찾아오지 않는다. 올인할 각오가 된 사람에게만 오는 것이다.

때때로 우리는 번뜩이는 영감들과 만난다. 하지만 우리는 그것을 기록하거나, 키우거나, 주위 사람들의 의견을 보태는 등에 대체로 소극적이다. 그 이유는 승부를 낼 용기가 부족하고, 실패와 직면할 준비가 되지 않았기 때문이다.

만일 우리가 새로운 운명과 만나고 싶다면, 또 오리진의 세상을 열어 가고 싶다면, 우리는 우리가 만나는 영감에 올인해야 한다.

생존경영연구소 서광원 소장은 이렇게 말한다.

"진화와 도태의 차이는 위기에서 결정된다.

위기가 닥쳤을 때 꼿꼿하게 서 있을 필요는 없다. 필요하다면 납작 엎드려서 기회를 찾아야 한다. 하지만 웅크리거나 위축되거나, 수동적으로 안주하는 것은 자신을 죽게 만드는 지름길이다.

우리 몸속에는 혁신적인 도전과 발상으로 위기를 훌륭하게 극복해온 유전자가 살아 숨 쉬고 있다. 지금 이 위기 극복의 유전자는 우리의 결정을, 용기를 기다리고 있다. 이 유전자를 죽이고 살리는 것은 우리에게 달려 있다."

리처드 브랜슨은 말했다. "우리는 모두 빛나도록 창조되었다." 아마도 이 말의 뜻은 너무나 평범한 보통 사람들도 창조에 대한 열망만 있다면 얼마든지 새로운 '오리진'이 될 수 있다는 것이리라.

벤저민 프랭클린(Benjamin Franklin)은 또 이렇게 말했다.

"어떤 사람들은 25세에 이미 죽어버리는데 장례식은 75세에 치른다."

새로운 생각을 만나는 것도 쉽지 않지만 실천하는 것이 너무나 어렵기에, 가장 건강하고 영리한 젊은 사람들조차 그 위험과 싸우기보다는 지레 포기하고 안주해버리는 세태를 경고하는 말이다.

오리진을 만드는 것은 우리 각자의 선택이다. 나이와 상관없이, 성별과 상관없이, 학력과 상관없이, 비록 신체의 나이는 다 다르지만 창조의 나이는 25세로, 또는 그 이하로 살 수 있다.

에필로그

운명을 바꾸는 만남이었기를 희망하며

인간은 모두 특별한 존재다. 우리는 이루고 싶은 멋진 일들을 꿈꿀 수 있고, 창조적인 생각으로 그것들을 가능하게 해낼 수 있다. 특히 세상을 이롭게 하는 꿈이라면 더욱 빨리 이루어질 수 있다. 유익하고, 즐거운 일이기 때문이고, 많은 분들의 응원과 지원을 받을 수 있기 때문이다. 또 힘들고 대담한 꿈을 꾸면 꿀수록 더욱 놀라운 일들이 일어난다. 그 이유는 난이도가 높을수록 우리 안에서 엄청나게 높은 상상력이 발휘되기 때문이다. 그래서 많은 전문가들은 높은 꿈, 대담한 꿈을 꾸는 것이 성공의 비결이라고 말한다.

톰 피터스는 '와우(wow) 프로젝트'라는 이름으로,

세스 고딘(Seth Godin)은 '보랏빛 소'라는 표현으로,

다니엘 핑크는 '하이컨셉'이라는 단어로,

짐 콜린스는 'BHAG(Big Hairy Audacious Goals)'라는 말로….

나 또한 그러한 생각들에 전적으로 동의한다.

이 책은 나 자신이 아이디어를 찾아내던 생각의 방법들을 꺼내놓은 것이다. 지난 몇 년간 새로운 것들을 볼 때마다, 또 새로운 생각이 필요한 때마다 영감을 축적하고 꺼내 쓰던 강신장 식 '영감의 십전대보탕'인 셈이다.

이 책에서 나는 '오리진'이 되어 스스로의 운명을 바꿀 것을 제안했다. 이제 내가 당신에게 드릴 수 있는 자극제는 다 드린 것 같다. 비록 이 한 권을 통해 '오리진'이 되는 방법론을 모두 알려드렸다고는 말할 수 없지만, 나와 함께하는 동안 느낀 영감과 자극을 발전시킨다면, 내가 이 책에서 미처 말하지 못한 창조의 방법론들은 여러분 스스로 발견하게 될 것이라고 생각한다.

- 이 책은 비즈니스 아이디어를 상상하고 자극하는 데 도움이 되기 쉬운 구조로 이루어져 있다. 그런 점에서 매우 실무적 유용성이 높다고 생각한다. 따라서 한꺼번에 다 읽기보다는, 또 한 번 읽고 덮어버리기보다는, 가까운 데 두고 심심할 때 손이 가는 '새우깡'처럼 아이디어를 궁리할 때마다 손이 가는 '영감의 새우깡'이 되기를 희망한다.

• 아무리 좋은 재료들이 있어도 한 사람의 상상력은 유한하다. 나는 경영현장에서 유익한 토론이 얼마나 파괴력 있는 결과를 만들어낼 수 있는지를 여러 번 경험하였다. 하지만 유익한 토론을 위해서는 강력한 촉진제, 즉 퍼실리테이터(facilitator)가 필요하다. 좋은 퍼실리테이터는 언제나 맛있는 사례를 소개한다. 또 훌륭한 퍼실리테이터는 가치만을 바라볼 뿐, 누가 옳고 옳지 않은지에는 관심이 없다. 이 책이 좋은 퍼실리테이터를 양성하는 '퍼실리테이터 사관학교'가 될 수 있기를 소망한다. 한 명의 퍼실리테이터가 회사와 나라의 운명을 바꿀 오리진을 찾아낼 것이다.

• 나는 기업에서 일하는 분들을 대상으로 창조와 오리진에 관한 이야기를 하기 시작했지만, 기업과 경영을 모르는 젊은이들이 볼 것을 염두에 두고 가능한 한 쉽게 따라올 수 있도록 전문용어 사용을 최대한 자제했다. 또한 젊은 부모들이 이 책을 바탕으로 자녀들의 창조성을 높이고 안내해주며 함께 새로운 아이디어를 찾아낼 수 있도록 한 권의 재미있는 이야기책처럼 꾸몄다. 그런 점에서 이 책은 창조전사를 키워내는 일종의 '창의력 교본' 역할을 할 수 있다. 설령 이 책이 제시하는 개념을 온전히 이해하지는 못할지라도, 그들의 말랑말랑한 머리와 풍부한 감성이 '오리진'이라는 단어와 만난다면, 어른들이 잡아채지 못한 새로운 키워드를 찾아낼 것이다. 나

아가 그들 스스로 '오리진이 되겠다'는 꿈을 가지게 된다면, 얼마 후 대한민국은 세계최고의 '창조강국'으로 변모할 것이다.

2009년은 아폴로 11호가 달에 간 지 40년이 된 해다. 이를 기념한 루이비통 광고는 내게 영감을 주었다.

하늘 왼쪽에는 달이 있고, 오른쪽에는 달에 갔다 온 3명의 우주비행사들이 달을 가리키고 있다. 그리고 카피.

"어떤 여행은 인류를 영원히 바꾼다(Some journeys change mankind forever)."

어떤 여행이 인류를 바꾸듯이, 어떤 만남은 운명을 바꿀 수 있다고 믿는다. 당신과 나의 만남이, 당신과 '오리진'의 만남이, 우리의 운명을 확~ 바꾸는 계기가 될 수 있기를 소망한다.

감사의 글

SERI CEO를 운영하고 매번 새로운 장르를 공부할 때마다 '어떤 선생님을 모셔야 할까'가 최대 고민거리였다. 왜냐하면 애써 모신 분들이 대한민국에서 가장 바쁘고 까다로운 CEO들을 만족시키지 못한다면, 그것은 곧 내게는 '죽음'과 같았기 때문이었다. 한번 프로그램에 실망하고 나에 대한 신뢰가 깨져버리면, CEO들을 인문학과 문화예술의 세계로 다시 불러 모으기가 어려워질 수 있기 때문이었다.

하지만 나에게는 운이 따랐던 것 같다. 이제 와서 보니 정말 대한민국 최고일 뿐 아니라 세계에 내놓아도 손색없는 훌륭한 선생님들을 만날 수 있었기 때문이다. 한 분 한 분 직접 만나고 직접 대화와 고민을 나눴다. 그분들과 CEO들이 윈윈(win-win)하는 만남이 가능하도록 사전에 많은 작업을 하였고, 모든 준비가 되었을 때 조심스레 CEO 소사이어티에 소개했다. 이분들을 통해 수많은 CEO들은 새로운 장르 및 새로운 지식과 만날 수 있었고, 또 그 만남에 너무나 만족하고 기뻐하는 것을 바라보았을 때 나의 기쁨은 절정에 달했다.

이 자리를 통해 대한민국의 CEO들을 깨워주신 인문학과 문화예술 최고의 선생님들께, 또 오랜 시간 함께 공부하며 어느새 가장 가까운 친구가 되어버린 대한민국의 보물들께 진심으로 감사의 인사를 전하고 싶다.

- 인문학 공부의 새바람을 일으키고, 감성의 힘을 알려준 중앙일보의 정진홍 논설위원
- 동양고전 속에 머물러 있던 철학을 우리의 생활 속으로 가까이 가져다준 박재희 박사
- 르네상스 창조경영을 통해 새로운 생각법을 만나게 해준 연세대학교 김상근 교수
- 와인을 통해 오감(五感)의 세계를 만나게 해준 김기재 선생
- 사진을 통해 세상을 보는 프레이밍(framing)을 확~ 바꾸어준 아이콘스튜디오의 조세현 선생
- 미술의 세계 속에 감추어진 몰입과 창조의 코드를 풀어준 미술평론가 이주헌 선생
- 놀라운 클래식의 세계와 위대한 음악가들을 만나게 해주신 대원문화재단 김일곤 회장과 수많은 음악가 여러분
- 영화의 세계와 대중문화의 세계를 안내해준 동아일보 이승재 기자, 심영섭 박사, 진회숙 선생 외(外)

- 등산을 통해 자연과 친구가 되고, 시(詩)와 사랑을 만나게 해주신 정영구 대장
- 그 밖에 김정운 교수(명지대), 양창순 박사(대인관계연구소), 최윤희 선생(행복디자이너), 홍혜걸 박사(의학전문기자), 김광호 원장(콤비마케팅연구원), 홍하상 선생(상인전문가), 홍승찬 교수(한예종), 유형종 대표(뮤직크바움), 김갑수 선생(시인), 박재갑 원장(의사), 유태우 박사(의사) 등 SERI CEO를 빛내주신 큰 스승들…

마지막으로, 새로운 출발과 도전의 기회와 함께, 아낌없는 격려와 배려로 이 책을 쓸 수 있도록 지원해주신 세라젬 이환성 회장께 심심한 감사를 드린다.

- 남궁석,《사회이동의 충격 원더랜드》, 랜덤하우스중앙, 2006.
- 다니엘 핑크 지음, 김명철 옮김,《새로운 미래가 온다(A Whole New Mind)》, 한국경제신문, 2006.
- 로널드 토비아스 지음, 김석만 옮김,《인간의 마음을 사로잡는 스무 가지 플롯(20 Master Plots : and How to Build Them)》, 풀빛, 2001.
- 로버트 루트번스타인 · 미셸 루트번스타인 지음, 박종성 옮김,《생각의 탄생 : 다빈치에서 파인먼까지 창조성을 빛낸 사람들의 13가지 생각도구(Sparks of Genius : The Thirteen Thinking Tools of the World's Most Creative People)》, 에코의서재, 2007년 5월.
- 론다 번 지음, 김우열 옮김,《The Secret 시크릿 : 수 세기 동안 단 1%만이 알았던 부와 성공의 비밀(The Secret)》, 살림Biz, 2007.
- 롤프 옌센 지음, 서정환 옮김,《드림 소사이어티 : 꿈과 감성을 파는 사회(The Dream Society : How the Coming Shift From Information To Imagination Will Transform Your Business)》, 리드리드출판, 2000.
- 빅터 프랭클 지음, 이시형 옮김,《죽음의 수용소에서(Man's Search for Meaning)》, 청아출판사, 2005.
- 쓰지 신이치 지음, 장석진 옮김,《행복의 경제학(幸せって,なんだっけ)》, 서해문집, 2009.
- 정진홍,《인문의 숲에서 경영을 만나다》, 21세기북스, 2007.

- 황인원, 《시에서 아이디어를 얻다》, 흐름출판, 2010.
- 김상근, "왜 우린 메디치를 배워야 할까?", 르네상스 창조경영, SERICEO, 2010년 2월 4일.
- 김석, "고물 자전거가 상상력을 만났을 때", 소년한국일보, 2008년 7월 14일자.
- 김진혁, "일본을 발칵 뒤집은 두부 한 모!", 비즈니스3.0, SERICEO, 2009년 4월 13일.
- 백창석, "1억 7천만 개가 팔린 낫토의 비밀", 비즈니스3.0, SERICEO, 2009년 5월 11일.
- 백창석, "마징가Z 기지 만들어드립니다!", 비즈니스3.0, SERICEO, 2009년 7월 14일.
- 신현암, "기업회생의 원천, 유레카 상품", CEO Information, 삼성경제연구소, 1999년 4월 14일.
- 이민훈, "2009년 10大 히트상품은?", 이슈리포트, SERICEO, 2009년 12월 17일.
- 이민훈, "명품 중의 명품, 루이비통", 비즈니스포커스, SERICEO, 2003년 3월 4일.
- 이우광, "변기회사 토토의 인간탐구법", 일본재발견, SERICEO, 2009년 6월 8일.
- 이장직, "70억 원짜리 길거리 연주… 아무도 몰랐다", 중앙일보, 2007년 5월 6일자.
- 이주헌, "상상의 데페이즈망, 르네 마그리트전(展)", SERICEO, 2007년 3월 22일.
- 이주헌, "행복한 사람이 성공한 사람", 중앙일보, 2007년 7월 20일자.
- 이충기, "길과 건축(클리나멘)", SPACE, 2005년 6월호.
- 정태수, "존경받는 이단아, 아니타 로딕", 괴짜의 시대, SERICEO, 2009년 3월 9일.
- 최선희, "사업 실패한 아버지 재기시킨 아들의 발명 아이디어", TOP CLASS, 2010년 4월호.
- 홍선영, "고정관념 타파! 일본 히트상품", 마케팅전략, SERICEO, 2009년 8월 3일.

Fom remarkable to
ORIGIN